PEDRO ESTAÚN

DIOS EN MOMENTOS DE DIFICULTAD

Veinte historias de situaciones límite
contadas con visión sobrenatural

EDICIONES UNIVERSIDAD DE NAVARRA, S.A.
PAMPLONA

Serie: Religión

Cupón para la Biblioteca Virtual

Accede a la versión eBook de este título por solo **1,99 €**. Con la compra de este libro puedes utilizar el siguiente cupón para la lectura en *streaming** desde la Biblioteca Virtual. **Sigue estas instrucciones** para visualizar tu libro:

1. Dirígete a la web de la Biblioteca Virtual en **https://ebooks.eunsa.es**.

2. En la web ve a **Iniciar sesión** e introduce tu email y contraseña. Si no estás registrado, deberás completar el proceso en **Registrarse**.

3. Tras registrarte, accede a la página del libro o lee el QR de esta página. Bajo el precio podrás **insertar el código oculto en el siguiente cupón** **para activar la promoción.**

Despegue para visualizar

Acceso directo al eBook

Canjéalo en ebooks.eunsa.es

*Con acceso a internet desde cualquier navegador.

ISBN: 978-84-313-4020-9
DL NA 625-2025

Fotografía:
Imagen del Endurance atrapado en el hielo. Fotografía de Cordon Press

Imprime: Podiprint
Printed in Spain – Impreso en España

Índice

Introducción

A lo largo de nuestra vida tenemos muchos momentos agradables. Si examinamos nuestra existencia –la mayoría de nosotros– podemos comprobar que nos han ocurrido muchas cosas buenas, aunque con frecuencia no reparamos en ellas. También es cierto que en no pocas veces –más de lo que desearíamos– nos han sucedido cosas desagradables e, incluso en alguna ocasión lo que se podían calificar como desgracias. Pero siendo objetivos podemos decir que, en la mayoría de nosotros, ha habido muchos más acontecimientos buenos que malos. Es cierto que una contrariedad ocupa la cabeza mucho más que las cosas que nos agradan. En cierto modo es lo normal, porque esos problemas absorben nuestra mente de una manera desagradable y nos quitan la tranquilidad y la paz que desearíamos.

En ocasiones son pequeñas cosas, pero también puede ocurrir que seamos sometidos a grandes peligros o situaciones verdaderamente peligrosas, dramáticas o terribles. ¿Qué ocurre en esos casos? La reacción normal es intentar defenderse y solucionar el problema con los medios que tenemos a nuestro alcance, pero esto no siempre es posible. Lo único que entonces perdura es el temor por lo que pueda suceder. En estas situaciones se intenta pedir ayuda. Los familiares, amigos o compañeros pueden prestarla en algunas ocasiones, aunque no siempre podrán hacerlo. Unas veces será porque no se encuentran presentes o porque el mal supera la capacidad de ser resuelto con estos medios. En esos casos, no son pocos los recurren a otro tipo de apoyos. Los que tienen fe lo hacen pidiendo ayuda a Dios, con el convencimiento de que saben que hay Alguien que les escucha y puede ayudarles. Pero incluso los que dicen no creer en nada superior no es extraño que en esos momentos eleven una petición a lo Alto de modo desesperado quizá como única solución.

El hombre es un ser religioso por naturaleza. Algo que nos diferencia radicalmente de los animales es el que podemos dirigirnos a Dios. Un animal no puede rezar. Sabemos que el hombre es calificado como un ser racional, pero podemos completar esta definición diciendo que es un animal racional-religioso. La religiosidad forma parte de la esencia humana. Lo religioso es un hecho que enlaza con su misma naturaleza y es signo de su racionalidad. Pese a ello, esto no quiere decir que haya personas que incluso lleguen a afirmar de Dios no existe. Hay quienes viven como si Dios no existiese o no tuviese nada que ver con ellos y, como consecuencia, no tendrán manifestaciones religiosas. Pero siempre, en los momentos de dificultad, surgirá en su interior al menos una cierta duda. Expresarán, de algún modo, una solicitud de ayuda de quien, aún con dudas, piensan que puede ayudarles. Se manifiesta así en lo que expresó el filósofo romano-cordobés Séneca cuando dijo: *"Mienten los que dicen que no conocen a Dios; pues aunque lo afirmen abiertamente durante el día, cuando se quedan solos por la noche, lo dudan".* Muchos no llegarán a manifestarlo externamente, pero es seguro que de algún modo, en esos momentos de dificultad, elevarán de alguna manera su pensamiento hacia algo que está por encima de ellos.

En este escrito he intentado recoger una serie de testimonios de personas que se han encontrado en momentos de peligro. Muchos de ellos tenían sentimientos religiosos, algunos otros no, pero incluso no pocos de estos, al encontrarse en difíciles situaciones, han pedido ayuda de lo Alto.

Las situaciones que aquí presento son muy variadas, desde unos jóvenes perdidos en una isla desierta, la de unos soldados que intentan cruzar las filas del frente bélico, o la de una mujer secuestrada por sus enemigos. Algunas de ellas no tienen lugar en momentos de especial dificultad, pero sí en situaciones peculiares. Es por ejemplo en el caso de astronautas en naves espaciales, o en el del peregrino ruso, pero en todos ellos el comportamiento es semejante: solicitan ayuda del Cielo o invocan al Creador. La placa expuesta en la Comandancia de marina de Cartagena lo testifica.

Placa en la Comandancia de Marina de Cartagena. Fotografía tomada por el autor

Dos aventuras diferentes

En el espacio de pocos días leí dos libros que me gustaron. Ambos tienen algunas semejanzas aunque también grandes diferencias. Los dos tratan de aventuras pero unas aventuras muy diferentes. El primero narra la primera vuelta al mundo en barco en la expedición iniciada por Fernando de Magallanes y finalizada por Juan Sebastián Elcano. El segundo es un hecho mucho más actual. Es una nueva versión del famoso libro titulado *¡Viven!* o más recientemente la película *La sociedad de la nieve* que describen las penalidades de un grupo de jóvenes abandonados en los Andes tras estrellarse su avión cuando viajaban hacia Chile. Como se verá se trata de temas muy distintos, tanto por el medio en que tuvieron lugar –el mar y la montaña–, como por el tiempo –siglo XVI y siglo XX–, por los protagonistas –avezados marineros y jóvenes estudiantes– y tantas otras cosas más, pero sin embargo, he detectado una serie de características comunes que me parecen interesantes.

Fernando de Magallanes, portugués de nacimiento, ofreció su proyecto de llegar al país de las Especies (Asia) a su rey, Manuel de Portugal, pero éste no le creyó. Pretendía llegar, no bordeando la costa africana y cruzando el Cabo de Buena Esperanza como entonces lo hacían los barcos, sino a través del océano Atlántico, buscando un paso por el sur de ese nuevo continente que Colón había descubierto no muchos años antes. Ante esa negativa, ofrece la idea a Carlos I, rey de España, quien después de estudiarlo detenidamente, accede y dispone preparar una flota con esa finalidad. El 20 de septiembre de 1519, cinco grandes barcos con 265 marineros y alimentos para dos años parten del puerto de Sanlúcar de Barrameda. Al frente de ellos va Magallanes. Cruzaron el Atlántico y alcanzaron las costas de Brasil, y desde allí continuaron rumbo al sur. Al llegar a la desembocadura del Amazonas se internan río arriba pensando que han encontrado el paso, pero pronto comprueban que se habían equivocado. Retornan y continúan navegando, siempre hacia el sur, hasta que finalmente encuentran y cruzan el deseado paso que a partir de entonces llevará el nombre de Estrecho de Magallanes. ¡Habían alcanzado un nuevo océano! A partir de entonces comienzan otra larga travesía en la que no encontrarán tierra firme en tres meses en los que llegará a faltarles agua potable y comida. Al fin llegan a una isla que es su salvación, pero a lo largo del recorrido, como consecuencia de numerosas penalidades, muchos de los marineros han ido pereciendo. En una refriega con los nativos muere también Magallanes y toma el mando de la flota Juan Sebastián Elcano. Desde allí deben regresar a España, y lo hacen por la ruta ya conocida que bordea el continente africano. Solamente les queda una de las naves; las otras o han naufragado o han quedado inservibles; una de ellas les abandonó estando todavía en el Atlántico. La travesía la deben hacer además sin ser descubiertos por los barcos portugueses que les persiguen como piratas y no pueden atracar en ninguno de los puertos conocidos.

Ya en el Atlántico, les surge una nueva dificultad: se abre una vía de agua en la trabajada y destartalada nave, lo que requiere que los pocos marineros que quedan, debilitados y enfermos, achiquen

agua con una bomba día y noche. Pese a ello, el 6 de septiembre de
1522 llegaba a Sanlúcar de Barrameda un navío con 18 hombres
al mando de Juan Sebastián Elcano: los que sobrevivieron de los
265 que habían partido tres años antes en cinco navíos al mando
de Fernando de Magallanes. Eran los primeros que habían dado
la vuelta al mundo. Muy pronto recibieron todo tipo de honores y
a Elcano se le concedió un escudo nobiliario con la frase *"Primus
circumcidisti me"*.

La otra aventura es muy diferente. El viernes 13 de octubre de
1972 se produjo un hecho que conmocionaría al mundo entero:
un avión se había estrellado en el corazón de los Andes y, tras varios días de intensa búsqueda sin resultados, se dieron por muertos
a todos los pasajeros que eran, en su mayor parte, jugadores de
rugby de un equipo amateur uruguayo. Diez semanas después,
dos jóvenes supervivientes consiguieron llegar hasta un valle en el
que comunicaron a un arriero chileno la increíble noticia de que
acababan de cruzar la cordillera y que, en uno de sus glaciares,
quedaban todavía otras catorce personas con vida. La larga odisea
fue contada en el libro *¡Viven!*[1] y años más tarde, en 2023, en la
película *La sociedad de la nieve* que tuvo un gran éxito. Nando
Parrado, uno de los supervivientes lo recuerda también en su libro
Milagro en los Andes.

En su conjunto los testimonios son conmovedores. La vida
durante más de setenta días protegidos entre los restos del fuselaje
del avión, en un glaciar a 3.300 metros de altitud, con temperaturas inferiores en ocasiones a los 30 grados bajo cero, sin ropas de
abrigo y sin alimentos, resulta sorprendente. De los 45 pasajeros,
casi todos muy jóvenes, algunos perecieron en el impacto; otros
murieron después, pero 16 consiguieron sobrevivir.

1. READ, P., *¡Viven! La tragedia de los Andes*, Barcelona 1974.

A los amantes de la montaña las escenas descritas, a pesar de su dramatismo, maravillan y en algún momento así las refiere el libro: *"La belleza era allí increíble, tanto en la inmensidad y la autoridad que imponían las montañas como en los campos de nieve que, azotados por el viento, emitían unos destellos perfectamente blancos o en la asombrosa hermosura del cielo de los Andes"*, pero la situación era verdaderamente dramática. Durante los primeros días, los jóvenes mantuvieron la esperanza de ser rescatados, pero tiempo después escucharon por una radio todavía en uso, que se suspendía su búsqueda dándoles definitivamente por desaparecidos.

La supervivencia en ese inhóspito lugar resultaba en todos sus aspectos prácticamente imposible. No sabían dónde se encontraban, no disponían de ropas de abrigo, y lo que era peor, carecían de comida. Bajo el liderazgo de Marcelo, poco a poco se van organizando y resolviendo numerosos problemas, pero se vieron obligados a tomar una tremenda decisión: alimentarse de los cuerpos de los compañeros fallecidos. Conscientes después de que la única posibilidad de sobrevivir dependía de ellos mismos, tres de los jóvenes parten en busca de la salvación. Antonio se ve obligado a regresar, pero Nando y Roberto continúan caminando durante nueve extenuantes días hasta que logran encontrar a alguien a quien le pueden comunicar la noticia. Dos helicópteros de las fuerzas armadas chilenas parten inmediatamente en búsqueda de los que quedaban y consiguen salvarlos a todos.

Como se comprueba las dos situaciones son muy distintas pero tienen algo en común. En ambos casos soportaron situaciones límites, en las que tuvieron que sufrir enormes penalidades. Vivieron tremendas calamidades de las que sólo unos pocos lograron sobrevivir. Estudiando el comportamiento de unos y de otros, se descubren en ambos casos dos características semejantes.

En todos los supervivientes se revela un verdadero espíritu de lucha con un gran afán por sobrevivir sin abandonarse ante las muchas adversidades que les iban surgiendo. Sólo los que lucharon consiguieron salir con vida. Entre los que fallecieron, estaban los que habían perdido la esperanza de la salvación: pensaron que no les sería posible superar todas esas dificultades y dejaron de luchar. No tuvieron el suficiente coraje para mantenerse firmes en las penalidades y acabaron cediendo.

También se comprueba en ambos casos un recurso continuo y confiado en la ayuda divina. Los marineros del siglo XVI eran hombres toscos y sin mucha cultura, pero en su comportamiento se descubre su fe y su confianza en Dios. Antes de partir, acuden todos en Sevilla a la iglesia de Santa María de la Victoria para implorar la protección de la Virgen. A lo largo de la travesía, pese a sus frecuentes desvaríos y despropósitos, mantienen la fe y solicitan continuamente la ayuda de Dios. Al regresar a Sevilla, los 18 que habían quedado, antes de visitar a sus familias, descansar o reponer sus fuerzas, lo primero que hicieron fue cumplir el voto que habían hecho hallándose en trance mortal: la peregrinación a la iglesia de Santa María de la Victoria y de Santa María Antigua y, cuando días después le preguntaron a Elcano detalles sobre la larga travesía y qué era lo que les había dado la fuerza para aguantar tantos días de penalidades, contestó: *"La Virgen María. Sin María todo se malogra, con Ella todo es posible"*.

Por su parte, los jóvenes de los Andes –lo cuentan con extraordinaria sencillez– tuvieron también durante los más de setenta días de cautiverio una continua invocación a Dios solicitando su ayuda. *"Dios nos salvó de morir en el accidente. ¿Por qué nos va a abandonar ahora dejándonos morir?, ¿no notas que Dios está cerca de nosotros? Durante todo el tiempo no dejé de rezar avemarías a la Virgen"*, son algunas de las frases que aparecen en el libro reproduciendo las oraciones y sentimientos de aquellos jóvenes.

En cierto modo me parecen dos actitudes muy necesarias para vencer en las dificultades. También nosotros en nuestra vida encontraremos obstáculos y penalidades. Posiblemente no llegarán a ser tan fuertes como las descritas en estos dos casos, pero en algunos momentos podrán a parecernos insalvables. Estos dos ejemplos históricos podrán servir a muchos a salir victoriosos en sus luchas. Habrá que actuar siempre poniendo los medios humanos necesarios para vencer los obstáculos, sin desanimarse nunca, y también pedir ayuda a Dios que está siempre dispuesto a ayudarnos.

Charlotte Picard

Charlotte Picard (1798-1862) no fue una aventurera en el sentido propio de este término. Ella no buscó la aventura; se encontró con ella cuando tenía dieciocho años sin desearla y tiempo después escribió sus recuerdos. Lo hace pidiendo excusas y alegando una demanda, quizá porque en aquellos tiempos una mujer no se sentía autorizada para ello. Lo expresa del siguiente modo: *"Debo pedir indulgencia al lector por el estilo; espero que no rechazará que una mujer haya osado tomar la pluma, pero lo hago siguiendo la imposición de mi padre"*.

La historia tuvo lugar en las costas africanas tras el naufragio del Méduse. El padre de Charlotte, M. Picard, era uno de los franceses que se presentaron voluntarios para establecerse en Senegal, colonia perdida por el país galo en 1800 y recuperada en 1814 por el tratado de París. Para él no se trataba de un viaje a lo desconocido, ya que había vivido nueve años anteriormente en San Luis de Senegal donde había establecido contactos comerciales y de amistad. Fue entonces cuando, tras vivir varios años en Francia, decidió trasladarse nuevamente llevando a toda su familia con la intención de establecerse allí definitivamente.

En 1816 se embarca a bordo del Méduse, un navío –que como varios otros– fue enviado por Luis XVII para tomar posesión de esa tierra africana. Lleva con él a sus dos hijas, Charlotte y Caroline, a su segunda esposa y los cuatro hijos que ella había tenido, así como a una sirviente. El Méduse era una fragata de 45 metros de largo que transportaba 395 pasajeros, sobre todo militares y marinos. En sus bodegas llevaba un abundante stock de víveres para la futura colonia y contaba además con dos chalupas con capacidad para cien personas cada una, además de otras tres embarcaciones menores para caso de naufragio. Su comandante, Huges Duroy de Chaumareys ostentaba el grado de capitán de fragata, un título completamente honorífico. Era un aristócrata emigrado durante la Revolución y reintegrado a la marina por Luis XVII al que se le había reducido mucho el tiempo que le correspondía el ascenso y que no había navegado desde hacía años. A bordo de la fragata se encontraba también el nuevo gobernador de Senegal, el coronel Julien-Deésiré Schmaltz. La incompetencia y la irresponsabilidad de estos dos hombres tuvieron unas consecuencias fatales.

Costeando el continente africano el Méduse sufre las consecuencias de un grave error de navegación y encalla en el banco de Arguin frente a las costas de Mauritania. La situación hubiese tenido solución si hubiesen aligerado la carga arrojando al agua sus cañones y buena parte de las mercancías, pero las autoridades no se deciden a realizarlo. Fletan entonces las barcas de salvamento en las que, además de los tripulantes, intentan transportar parte de los víveres. Pronto se percatan de que así no es posible navegar y acaban arrojando por la borda las mercancías.

Los náufragos inician entonces una travesía con escasa cantidad de comida y bebida que quedan además pronto inservibles al ser afectadas por el agua salada. Cada embarcación inicia su travesía intentando permanecer unidas, lo que no les es posible. El comandante decide navegar sin alejarse de la costa en dirección a Senegal que piensa que no se encuentra lejos. Los marineros, sin embargo, le aconsejan dirigirse a tierra para buscar allí alguna ayuda, pero De Chaumareys no accede alegando que los moros intentarían hacerles rehenes.

Tras tres días navegación, ante la falta de agua y de alimentos, la precaria embarcación en la que viaja la familia Picard se ve obligada a arribar a tierra. El intento resulta verdaderamente peligroso. Las grandes olas, la barrera de rocas y la imposibilidad de encontrar un buen lugar para desembarcar hacen que surja el pánico en esos hombres y mujeres ya aterrorizados por las penalidades sufridas. Al final todos llegan a tierra sanos. Charlotte lo recordaría con las siguientes palabras: *"Tan pronto como nos encontramos seguros, nos reunimos para dar gracias a Dios. Yo elevé las manos al cielo y permanecí así inmóvil en la orilla durante un tiempo. Cada uno manifestó su agradecimiento a nuestro viejo piloto que, después de Dios, podía ser llamado propiamente nuestro salvador. M. Dumège, cirujano enrolado en la marina, le dio un magnífico reloj de oro, el único objeto que había salvado del Méduse".*

Comenzaba entonces una dura marcha por el desierto. La falta de alimento, de agua, el sofocante calor y caminar con los pies descalzos –habían perdido los zapatos en el desembarco– hizo que resultase sumamente penosa. Fue entonces cuando otra vez la protagonista recurre al cielo: *"Ponemos toda nuestra esperanza en la Providencia. Solo ella puede salvarnos".*

Afortunadamente pudieron encontrar agua excavando en un lugar húmedo y poco después descubrieron las tiendas de unos nómadas que, en contra de lo que ellos pensaban, les trataron con humanidad y, tras alimentarles y darles de beber, les condujeron a un lugar en el que pudieron ser convenientemente socorridos y conducidos a Senegal.

Tiempo después de esta aventura, Charlotte convertida en Madame Dard, escribió este interesante recuerdo publicado en 1824, ocho años después del naufragio. Y Charlotte continuó viviendo en tierras africanas. Antes que regresar a Francia compró una isla y en ella comenzó una explotación agrícola. Iniciaba así una nueva aventura muy diferente de la que había vivido con tanto sufrimiento muchos años antes[2].

---

2. Cfr. DARD, CHARLOTTE, *La chaumière africaine ou Histoire d'une fami-lle française jetée sur la côte occidentale de l'Afrique à la suite du naufrage de la frégate "La Méduse"*. Ed. Noellat, Dijon 1824 ; DARD, CHARLOTTE, *La chaumière africaine ou Histoire d'une famille française jetée sur la côte occidentale de l'Afrique à la suite du naufrage de la frégate "La Méduse"*. Ed. Hasrmattan, Paris 2005.

El peregrino ruso

El protagonista de *El peregrino ruso o Relatos de un peregrino ruso*[3], es un aventurero que se lanzó a una larga andadura con una finalidad espiritual: la de encontrar a Dios. Lo descubrimos en un libro con este título de autor desconocido.

El libro es una narración autobiográfica de un ruso ortodoxo en los años centrales del siglo XIX en el que nos cuenta su recorrido físico pero, sobre todo, su itinerario espiritual. Posiblemente no fue él quien lo escribió, sino que contó sus andanzas a un monje y éste, excelente narrador, puso por escrito lo que había escuchado. El texto se publicó por primera vez en Kazán hacia el año 1865 en forma muy primitiva y hasta 1884 no se hizo una edición correcta. A partir del siglo XX han sido numerosas las reediciones y en diferentes lenguas.

El peregrino –del que nunca llegaremos a conocer su nombre– comienza su andadura sin un destino determinado en el corazón de Rusia y con una intención concreta: el encuentro con Dios. La escucha de los sermones en las iglesias no llega a dar respuesta a este deseo y decide ponerse en marcha en busca los lugares santos. Un sencillo zurrón en el que llevaba un poco de pan duro y una

---

3. ANÓNIMO. *El peregrino ruso,* Ed. Monte Carmelo. Burgos, 2018

Biblia es todo su equipaje. Después añade un ejemplar de *Filoca-lía*, un libro cargado de citas de Padres de la Iglesia.

León Tolstói, a los 58 años, caminando desde Moscú a Yasnaya
Poliana (1886). Fotografía de Wikimedia Commons

Al principio tuvo noticias de que en un pequeño pueblo había un hombre piadoso que podría orientarle espiritualmente y a él se dirige. Éste le recomienda que ponga en práctica el consejo de san Pablo de orar sin cesar, pero ¿cómo?, se pregunta sin encontrar una adecuada respuesta. Por suerte encuentra en un monasterio a un *starezy* (guía espiritual) que le ayuda en su búsqueda y le recomienda que repita muchas veces la petición *"Señor ten misericordia de mí"*. Así lo hace y comienza su crecimiento interior.

El peregrino continúa su caminar rezando y leyendo sus dos libros sin importarle el frío, el hambre ni los dolores. Se siente pleno de Dios y esto le llena de alegría. Caminaba sin descanso, en ocasiones hasta sesenta kilómetros diarios, por los bosques bordeando los caminos para tener el menor contacto con las gentes. En alguno de los pueblos pedía unos mendrugos de pan duro, un puñado de sal y agua para llenar su calabaza y con esas provisiones se ponía de nuevo en marcha. A lo largo del relato encontramos numerosas aventuras e incidentes. En una ocasión dos bandoleros le pidieron dinero. Como no tenía le quitaron lo único que llevaba: su zurrón y sus dos preciosos tesoros: la Biblia y el libro de Filocalía. El peregrino quedó desolado y no pudo caminar durante dos días. Estaba hundido de pena, pero la Providencia nunca le abandonaba. Tiempo después encontró una caravana en la que llevaban presos a los dos salteadores y le indicaron dónde podía recobrar sus dos estimados libros. Ello le da ocasión de mantener un interesante coloquio espiritual con el que entonces los tenía.

En sus encuentros con la gente siempre hallaba razones para hablar de las bondades divinas. En una ocasión, cuando se le había acabado el pan y no había posibilidad de obtener alimento, encuentra a un guardabosques que le invita a su cabaña. Le ofrece pan y sal y le propone quedarse en otra choza próxima para realizar un trabajo que no le impedirá el trato continuo con Dios. Este encuentro da pie profundas conversaciones llenas de contenido espiritual, pero el deseo del peregrino no es permanecer en un lugar, lo suyo es caminar, y tras cinco meses de reposada estancia, reinicia su marcha. En otra ocasión fue atacado por un lobo. De manera sorprendente pudo defenderse con su rosario, que no era otra cosa que su cinturón de cuerda con nudos para marcar las cuentas, consiguió enroscarlo en el cuello de la fiera que, liberada, huyó espantada. En uno de los pueblos se hospedó en la casa del sacerdote y éste le pidió que se quedase allí para ayudarle en la construcción de una nueva iglesia. El peregrino se resiste pero ante la insistencia del clérigo permaneció un tiempo. Estando allí conoció a una joven muy rezadora que fue obligada a contraer matrimonio con un pagano. El peregrino la animó a rezar y confiar en Dios y, procediendo a su ayuda, se vio involucrado tuvo que pasar un tiempo en prisión. Reanudando su camino, en un lugar tuvo noticia de que al día siguiente podría recibir la comunión en un pueblo a una treintena de kilómetros. Era invierno y para llegar caminó día noche bajo lluvia y nieve con un fuerte viento. Al cruzar un riachuelo crujió el hielo a sus pies y quedó hundido en el agua helada hasta la cintura. Pudo llegar a recibir la comunión, pero esa noche notó que no podía mover las piernas y tuvo que permanecer días inmovilizado. La ayuda de uno de los vecinos le permitió recuperarse y reiniciar su camino. Continuó hasta Irkutsk, en Siberia, donde fue acogido por un buen hombre que le hace una interesante proposición: continuar su peregrinación hasta Jerusalén.

En un momento determinado el peregrino cuenta su vida. Nació en un pueblecito de la provincia de Orel. A la muerte de sus padres quedaron en casa su hermano de diez años y él de tres y su abuelo les acogió. Era un hombre muy piadoso que tenía una posada y era querido por todos. Su hermano era violento y en una ocasión le ocasionó un accidente que tuvo como consecuencia dejarle un brazo imposibilitado de por vida. Ya que no podía realizar trabajos materiales y con deseo de facilitarle un medio de vida, su ábuelo le enseñó a leer y a escribir y lo hizo fundamentalmente con la Biblia. Al morir su abuelo le dejó mil rublos y su casa. Poco después se casó con una joven también muy rezadora, pero ésta murió a los dos años. Su hermano, bebedor y descontento, le robó el dinero y quemó su casa. No sabiendo qué hacer en su pobreza decidió entonces iniciar su marcha buscando las reliquias de los santos. Cuando cuenta esto tenía 33 años y llevaba 13 de peregrinación, pero su camino no termina ahí. El libro continúa contando sus andadas y en ellas numerosas anécdotas y finaliza antes de que inicie su más importante peregrinación: a la Tierra de Jesús que no sabemos si llegó a realizar.

Filocalia. Portada de la edición veneciana (1792).
Fotografía de Wikimedia Commons

En todo su peregrinar descubre –siguiendo las indicaciones de la *Filocalía*– el lenguaje de la creación. Comenta que las cosas que le rodeaban parecía que se transformaban en oración: los árboles, la tierra, el aire, la luz… Todo daba testimonio de que Dios las había creado para el hombre por amor. Y esto era una ocasión para su continua oración. Lo comentaba con las siguientes palabras: *"Todo me lleva a alabar más al Señor y a darle gracias! Los hombres, las plantas, los animales… Todo me parecía tener una presencia del Señor que yo antes no descubría. Ahora todo se me hacía más familiar. A veces parecía como si el cuerpo perdiese su peso natural y yo me sintiese liviano y ágil, sin notar la pesadez. Otras veces entraba de tal manera en mi interior, que admiraba la disposición del cuerpo de todos sus miembros, de su hermosura… Y daba gracias a Dios. No pocas veces sentía una alegría como si me hubiesen hecho zar… En ocasiones deseaba experimentar pronto la muerte, para poder testimoniarle mi agradecimiento en el mundo de los puros espíritus".* El peregrino ruso era ciertamente un contemplativo en su caminar.

Los náufragos

En la segunda mitad del siglo XIX la exploración de las tierras situadas en el Pacífico Sur toma un gran impulso. Son tiempos en los que se buscan nuevas reservas naturales y son numerosos los aventureros que parten con este fin desde el Viejo Continente. Uno de ellos es François Éduard Raynal, nacido en Francia en 1830, de familia acomodada venida a menos. Con el deseo de ayudar a los suyos se embarca en un navío viajando durante cinco años por las costas de la India y de China. Se establece después durante otros siete años en la isla Mauricio trabajando en una plantación azucarera y se traslada después a Australia donde trabaja en una mina de metal.

Cuando en 1864 está decidido a regresar a Francia le surge una interesante oportunidad. Se trata de explorar la isla de Campbell en el Pacífico Sur con la intención de ver la posibilidad de cazar focas en abundancia y la explotación de una posible mina. Parte para ello con otros cuatro hombres en el *Grafton*, una pequeña nave con el deseo de hacer un reconocimiento y regresar, como mucho, tres meses más tarde, pero los acontecimientos cambian completamente sus planes. La nave naufraga en una desconocida isla en la que se verán obligados a permanecer durante veinte meses. Con las notas que Raynal tomó durante ese tiempo, a su regreso en Francia pudo relatar lo vivido durante esa penosa temporada. El *Grafton* se estrella en las rocas de un arrecife de una de las islas Auckland y queda inservible.

Comienza entonces una vida llena de peligros y de aventuras. Tras el naufragio desembarcan en una isla con abundante vegetación pero sin las condiciones necesarias para la vida. La caza de focas será su único modo de supervivencia. Desde el primer momento ponen toda su confianza en la ayuda divina. Un testimonio de Raynal lo manifiesta de manera clara: *"Desde toda mi vida, la idea de la presencia de Dios, de su poder no me ha abandonado nunca y no ha dejado de ser mi recurso. También ahora nos ayudará"*.

Para la supervivencia ven necesaria una organización por lo que establecen cinco puntos fundamentales: 1º Mantener siempre la unión entre todos; 2º evitar toda discusión que pudiese originar una disputa; 3º si alguno causa un problema será amonestado por los demás. Si no se enmienda, será expulsado del grupo; 4º habrá un jefe que dirigirá todos los trabajos y 5º las decisiones importantes se tomarán en consenso. El reglamento fue añadido a las primeras páginas de la Biblia y debería leerse todos los domingos seguido de un tiempo de oración. Eligen a Musgrave como jefe del grupo y se reparten las diferentes tareas. Una de ellas era la de mantener encendido el fuego, hacer la comida y procurar el orden en la cabaña y alrededores. Cada semana se encargaría uno. Los demás se ocuparían de conseguir la leña, la caza y otros muchos menesteres. Un fusil que pudieron recuperar del naufragio les resultará de extraordinaria utilidad pero pese a ello, la caza no siempre fue suficiente y pasaron momentos de gran penuria alimenticia.

En su aislamiento surgen numerosas dificultades que, pese a los escasos instrumentos de que disponían, van resolviendo con una imaginación sorprendente. Consiguen así hacer una especie de jabón, confeccionar un adecuado calzado… Con el invierno austral llegan los fríos, la nieve cubre toda la isla y las focas han emigrado. El continuo trabajo les mantiene activos y aleja, en cierto modo, la monotonía de esa penosa vida. El día de Navidad de 1865 fue especialmente duro en los desamparados náufragos. Los recuerdos de la familia y la incertidumbre sobre su futuro hacen que todos se estén pensativos, taciturnos y faltos de esperanza. Es entonces cuando Raynald hace una propuesta. Puesto que la ayuda que podían esperar no llega, deben ser ellos quienes intenten salir por sus propios medios. Tras momentos de dudas y reflexiones aceptan una solución: preparar una embarcación que pueda trasladar a algunos a un lugar habitado para pedir ayuda. Ante la dificultad de la empresa, acuden nuevamente a Dios pidiendo su ayuda. Tan pronto como pueden comienzan la construcción de la embarcación. Tras el fracaso de una primera deciden transformar la chalupa que poseen adaptándola para una larga travesía y a ello se dedican durante varios meses. La escasez de herramientas hace que tengan que utilizar nuevamente mucho su ingenio.

Concluida la obra, el 19 de julio de 1865, zarpan tres de ellos dejando a los otros dos en la isla ya que la embarcación no da cabida para más. La travesía, que esperaban que fuese de alrededor de dos días se convierte en una terrible pesadilla de seis jornadas en las que deben superar terribles tempestades. Llegan exhaustos a la isla de Stewart (Nueva Zelanda) donde son recogidos y atendidos. Una vez recuperados y trasladados a otro lugar comienza la preparación de la expedición de salvamento para los dos que quedaron abandonados. Tras innumerables gestiones y dificultades consiguen que parta una nave para recuperar a esos hombres. La comanda Musgrave, quien había sido el jefe de los náufragos. Les encuentra con vida y la alegría de los recuperados es fácil de imaginar. Tiempo después los cinco compañeros se reúnen sanos y salvos en Sydney donde finalizan también agradeciendo a la Divina Providencia la ayuda que les había prestado para salir de esa terrible aventura[4].

El auténtico relato de Raynal dio origen a varias de las novelas de Julio Verne como *La isla misteriosa* y *Dos años de vacaciones* en las que el novelista francés sitúa sus aventuras en imaginarias islas en el océano Pacífico que podrían ser similares a los arrecifes de Auckland de donde tomó muchas de sus informaciones.

---

4. RAYNAL, François Éduard, *Les Naufragés ou vingt mois sur un récif des îles Auckland (1864-1865)*, Ginkgo éditeur, Paris 2018

Perdidos en la taiga

La Taiga rusa es una enorme extensión al sur de Siberia cubierta de nieve casi todo el año y con muy escasa población localizada en pequeños núcleos. En 1978 un grupo de geólogos se dirigió allí en helicóptero para realizar unos estudios y sobrevolando aquellas despobladas regiones les sorprendió ver un terreno cultivado y una cabaña en su proximidad. Aterrizaron no muy lejos y se dirigieron hacia ese lugar con cierta precaución. Al llegar encontraron a un hombre vestido de una manera un tanto peculiar con una larga barba; poco después llegaron otras cuatro personas. Ante la sorpresa de éstos y tras la presentación de los visitantes comenzó un trato que después continuaría.

Era la familia Lykov, formada por el padre, dos hijos y dos hijas. Se encontraban allí desde 1936, cuarenta y dos años antes, lejos de toda civilización y sin haber tenido contacto alguno con nadie desde aquel año. Karp y su esposa, Akulina, eran lo que se llama dentro de la iglesia ortodoxa rusa "viejos creyentes", cristianos partidarios de los ritos y la liturgia más antigua que no aceptaban una profunda reforma que se había dado dentro de su iglesia en 1654 y que se conoció como la reforma de Nikon. Estos fueron perseguidos ya por los zares pero especialmente por el régimen comunista que se impuso en el país a partir de 1917. El matrimonio

Lykov con sus dos hijos, Savin y Natalia, formaban una familia profundamente religiosa y al comienzo de la Revolución rusa se les obligó, como a todos los "viejos creyentes", a unirse en granjas colectivas si no querían ser encarcelados. La familia Lykov no estuvo dispuesta a ello y después de que matasen a tiros al hermano de Karp, decidieron huir adentrándose en el bosque en la región de Jakasia del sur de la Siberia soviética.

Llevaron para ello herramientas, libros, semillas y algunas de las cosas necesarias para la supervivencia. En un principio fueron cambiando de lugar hasta que se instalaron en el corazón de la taiga a 250 kilómetros del pueblo habitado más próximo y allí comenzaron una nueva vida, alejada de los controles, pero también completamente ausente de lo que ocurría en el mundo exterior, y así vivieron durante 42 años. La vida les fue extraordinariamente dura. El lugar era muy frío en invierno con mucha nieve y en verano con la presencia de animales peligrosos. Tuvieron que luchar para conseguir comida, tanto que se vieron obligados a comer el cuero que tenían de los zapatos que habían llevado consigo. Debieron por ello vivir con los pies descalzos hasta que consiguieron hacer unas sencillas alpargatas con cortezas de algunos árboles. La madre murió de hambre en 1961. En ese tiempo cultivaban su propia comida y se arropaban con las pieles de los animales que cazaban en el bosque, pero lograron sobrevivir.

En ese lugar inhóspito tuvieron dos hijos más: Dmitriy y Agafia que no conocieron a ningún otro compañero. Su vida se volvió muy primitiva, especialmente porque no podían reemplazar las herramientas que habían llevado cuando se marcharon en 1936 y, al no tener cazuelas metálicas, no podían poner al fuego sus guisos. Pero lograron sobrevivir en el más completo aislamiento, sin radio, sin noticias ni ningún contacto con otro ser humano ya que el asentamiento más cercano estaba a muchos kilómetros de distancia con el que nunca tuvieron relación. Durante todos esos

años continuaron piadosamente con sus ritos y oraciones y sobre
todo leyendo y meditando la Biblia.

"*Cuando nos acercamos a la cabaña* –comenta uno de los geólogos– *un señor con una larga barba emergió del lugar un poco asustado. Lo saludamos y, aunque no nos respondió de inmediato, a los
pocos minutos nos dijo: Ya que han venido desde tan lejos, lo mejor es
que vayan a nuestra casa*", era el padre, Karp que se expresaba en
un ruso defectuoso debido al limitado uso que de esa lengua había utilizado, y añadió después que *si habían llegado hasta allí era
porque Dios les había llevado.* El interior de la cabaña donde vivían
parecía un retrato de la época medieval: vasijas de madera, suelo
hecho con el follaje del bosque, paredes sin ventanas porque no
tenían un cristal que los protegiera del frío. Poco a poco los geólogos comenzaron a recibir información de cómo habían llegado
hasta allí y, sobre todo, cómo habían sobrevivido al rigor siberiano
durante todo ese tiempo y los Lykov les fueron informando de la
extraña vida que habían llevado durante casi medio siglo.

Taiga en Yemelyánovski, en el krai de Krasnoyarsk, Rusia. Fotografía de Wikimedia Commons

En ese tiempo tuvo lugar la II Guerra Mundial, la llegada del hombre a la Luna y tantos otros acontecimientos de los que ellos no tenían ningún conocimiento. Su aislamiento de la civilización era total. Una de las cosas que más les sorprendió fue un televisor que llevaban los geólogos, algo que ellos no podían imaginar que existiese. Cuando les hablaron de los satélites, entendieron lo que habían visto en el firmamento sin poder saber de qué se trataba: *"Ah, esas son las estrellas que parecía que estaban girando cada vez más rápido en el cielo"*. Al principio, lo único que la familia aceptó de los geólogos fue un poco de sal, *"fue una tortura vivir todos estos años sin ella"*, dijo el patriarca. Por lo demás, manifestaron claramente que deseaban continuar con su vida tal como la llevaban, pero fue inevitable volver a tener contacto con el mundo exterior. Los Lykov comenzaron a recibir cada vez más cosas para reacomodarse pero insistieron en su deseo de continuar en la taiga. Entre otros, el corresponsal del diario *Komsomólskaia Pravda*, Vasili Peskov se ocupó de ayudarles de muchas maneras. Durante años visitó y ayudó a la familia; les llevó utensilios de cocina, medicinas e incluso una cabra, para que pudieran tener leche a lo largo de todo el año.

Tres de los hijos fallecieron en 1981 aunque no por el contacto con el mundo exterior como muchos pensaron. Dos murieron por una deficiencia hepática como consecuencia de la defectuosa alimentación durante años y otro por una fuerte pulmonía. Karp, el padre, vivió hasta 1988. Ante la cercanía de su muerte los geólogos intentaron salvarlo evacuándolo en helicóptero a un hospital. Pero Dimitry no permitió abandonar aquel lugar en el que había vivido durante tantos años. *"No tenemos permitido hacer eso"*, susurró antes de morir. *"Un hombre vive por la voluntad de Dios, sea lo que sea"*.

Solo sobrevivió Agafia, que deseó continuar viviendo en aquel lugar aislado. La mujer recibió el apoyo de las autoridades locales y el gobernador de la región de Kémerovo, dio instrucciones para que recibiera toda la ayuda necesaria. En 1990 trató de vivir con otras personas y fue a un convento de viejos creyentes incorporándose como monja. Sin embargo, la interpretación que Agafia hacía de la fe era muy diferente de la de aquellas religiosas y regresó tan pronto como pudo a su hogar en el bosque. En 2011, representantes de la Iglesia oficial rusa de los antiguos creyentes la visitaron en su retiro. Celebraron una ceremonia de bautismo según las leyes eclesiásticas pero ella continuó viviendo en soledad hasta el 16 de enero de 2016, cuando fue aerotransportada a un hospital en Tastagol debido a un deterioro de los cartílagos de sus extremidades inferiores. Agafia consideró siempre que la soledad es la vía para salvar el alma, y ella no se sintió nunca sola. En el momento de publicar este libro Agafia sigue viviendo.

Agafia en la taiga. Fotografía publicada en "La familia Lykov en la taiga siberiana", ABC Cultura (2020)

La sorprendente historia de los Lykov fue recogida por el periodista británico Mike Dash y publicada en la revista *Smithsonian Magazine*, y el ruso Vasily Peskov, dio a conocer todos los detalles en 1994 en su libro *Perdidos en la Taiga* (1992). Años después este mismo autor editó *Des nouvelles d'Agafia, eremite dans la taïga* (2009), donde cuenta más detalles de la vida de esta mujer. Más tarde, el director Jean Jacques Annaud adquirió los derechos para producir una película. En 2015, otro equipo de cine británico, con la directora Rebecca Marshall visitó a Agafia con el objetivo de hacer un documental sobre su vida, titulado *The Forest in Me* (El bosque en mí).

No cabe duda de que lo que siempre vivió cada uno de los componentes de la familia Lykov –tanto los padres como los cuatro hijos– fue una profunda fe cristiana ortodoxa que les llevó a soportar una difícil existencia como consecuencia de su fidelidad a unos principios que por ninguna razón estaban dispuestos a renunciar.

Recurso a Dios en el Ártico

Las tierras polares han ocupado muchas veces la imaginación de los hombres. En tiempos pasados se creyó que estos lugares inaccesibles guardaban enormes tesoros. Ya en el siglo XVI el cosaco ruso Iermak Timofeçéiéwich exploró el norte de Siberia y a este le siguieron otros con tentativas siempre muy arriesgadas. El ser los primeros en alcanzar el Polo Norte fue el gran deseo de muchos exploradores. Entre otros, en 1893 lo intentó el noruego Fridtjof Nansen con su barco Fram, especialmente diseñado para mantener las presiones del hielo, pero tuvo que finalizar tres años después sin lograrlo, teniendo que regresar caminando con esquís. Otros navegantes intentaron encontrar un camino que redujese el trayecto entre Europa y Asia. Uno de ellos fue el desafortunado intento de Sir John Franklin en 1845, al que siguieron muchos otros.

El 28 de julio de 1912 el comandante Broussiloff partió de San Petersburgo en la nave Santa Ana intentando acceder al Pacífico por el norte de América. Comandaba un navío de 1000 toneladas con una máquina de vapor de 41 caballos. Llevaron víveres para treinta personas durante un año y medio, ropas cálidas para todos, 200 toneladas de carbón y 12 hectólitros de petróleo para la iluminación y la munición necesaria para cazar focas, morsas y sobre todo osos polares. Parte con una tripulación de 23 hombres más una mujer estudiante de medicina.

Navegaron a vapor por el Mar de Barents y después por el Mar de Kara, hasta que fueron atrapados en el hielo el 15 de octubre. Comienzan así un viaje a la deriva que duraría cerca de dos años. Ante la imposibilidad de dominar el rumbo, la amenaza de pasar un tercer invierno en la nave con temperaturas inferiores a los 35º bajo cero, y viendo que las provisiones comenzaban a escasear, el subcomandante Albanoff decide abandonar la nave en busca de la tierra firme. Se le unen trece compañeros. Construyen cayacs y trineos para la arriesgada marcha y parten el 10 de marzo de 1914. Inician así una travesía llena de incertidumbres que sabían sería muy penosa. Entre el material que portaron, Albanoff tomó algo en lo que puso una gran confianza: un icono de San Nicolás. La última jornada en el Santa Ana fue de despedida con una comida especial. En el momento de la partida todos estaban presentes, Albanoff se quitó el gorro, hizo la señal de la cruz, todos le imitaron y gritaron fuerte: ¡Hurra!

Muchos días después, cuando la esperanza de encontrar tierra firme se desvanecía y las penalidades eran cada vez mayores, Albanoff tuvo un sueño. Vio un gran grupo de personas, encabezadas por un anciano de barba blanca que les recibían con gran entusiasmo en un agradable lugar. Eso le animó a continuar la marcha cuando estaba seriamente tentado de abandonar. Según él mismo confiesa, fue el propio San Nicolás quien le había proporcionado esa prueba en la que le indicaba que debía continuar.

Uno de los grandes problemas que tuvieron fue la falta de comida. Aunque habían llevado abundante del navío, la cantidad disminuía peligrosamente. El 25 de mayo era Pentecostés. Lo recordaron y pensaron que recibirían alguna buena noticia y efectivamente ese día cazaron un oso, lo que les proporcionaba carne en abundancia. Según las palabras de Albanoff, *"el Cielo nos había enviado esta gran ayuda y nuestra gratitud por esta milagrosa disposición se manifestaba en una profunda alegría".*

En no pocos momentos recurren a Dios en los peligros y en su relato aparecen frecuentes referencias a la ayuda divina. El 30 de mayo navegando en sus cayacs cuando la travesía parecía tremendamente arriesgada, expresan: *"Que Dios nos de la fuerza para salir sanos y salvos de este peligro"*. Días después, durante una tremenda tormenta con vientos huracanados consiguen al fin encontrar un lugar adecuado para acampar. Su comentario fue: *"Gracias a Dios estamos al abrigo"*. Y cuando tras dos meses y medio de marcha por los hielos flotantes alcanzaron la tierra firme su expresión fue: *"Gracias a Dios nuestra situación mejora inopinadamente"*.

En la marcha van pereciendo algunos de los componentes y en otro momento se separan en dos grupos. Albanoff queda solo con Konrad. El resto parte unido y su destino desaparece para siempre a partir de ese momento. Albanoff y su compañero encuentran una cabaña con provisión de alimentos. Era el depósito de la expedición de Sedoff que había partido dos años antes y que no llegó a ser utilizado. Eso les permite sobrevivir y cuando se disponían a pasar allí otro invierno ven con gran alegría la llegada de un barco. Era el Sainte-Foka que iba a buscar a Sedoff y los suyos que nunca regresaron. Los dos hombres son recibidos magníficamente y navegan en esa nave hacia el Sur buscando una tierra habitada.

Una vez ya seguros Alabanoff manifiesta de manera muy clara su agradecimiento: *"Gracias a Dios estamos ya en el buen camino"*. Al desembarcar en Rynda, el 19 de agosto de 1914, dos años después de su partida conocen que Europa se encuentra en guerra, y recordando que de todos los compañeros que partieron del Santa Ana, solo ellos dos sobrevivieron, reitera su agradecimiento a Dios considerándolo como un verdadero milagro[5].

5. Cfr, BREITFUSS, L., *Au pays de la Mort Blanche. Récit de l'expédition arctique Broussiloff par l'un des deux survivants, A. Albanoff, première pilote à bord du Bruck Sainte-Anna*. Paris, 1928.

Con Scott al Polo Sur

En los principios del siglo XX el deseo de algunas potencias era el de ser los primeros en llegar a los lugares a los que el hombre no había puesto su pie todavía. Uno de estos lugares eran los polos. El polo Norte fue alcanzado por primera vez por Frederik Cook y Robert E. Peary en septiembre de 1909, pero aún quedaba el polo Sur.

En el siglo XVIII ya se habían realizado incursiones en las proximidades de la denominada Antártida. Eran expediciones destinadas fundamentalmente a la caza de focas y fueron llevadas principalmente por británicos, aunque también por marinos de otros países. A finales de ese siglo hubo expediciones con otra finalidad, la geográfica, que también fue liderada por los ingleses. No resulta por ello extraño el interés del Imperio Británico por ser los primeros en llegar al polo Sur.

Con este fin, el 10 de junio de 1910 partió de Cardiff, Gran Bretaña, el buque Terra Nova. Se iniciaba un intento en el que se había invertido mucho dinero. Su intención era la de ser los primeros en alcanzar ese lejano y frío punto meridional. Al frente se encontraba el comandante Robert Scott (1868-1912) con una tripulación esencialmente inglesa. Entre otros figuraba el reportero Herbert Ponting, que dejará unas magníficas muestras gráficas de

buena parte de la expedición. El Terra Nova, tras su larga travesía
hasta las aguas del sur, repostó en Australia y Nueva Zelanda.
Allí cargaron el último suministro de alimentos, carbón y los 19
ponis procedentes de Rusia uniéndose a los 33 perros siberianos,
así como tres trineos motorizados.

El 12 de octubre, el Terra Nova en su llegada a Melburne,
Scoot recibió una alarmante noticia. Era un mensaje que escue-
tamente decía: *"Me permito informar que el buque Fram, avanza
hacia la Antártida"* y firmado por Amundsen.

Roald Amundsen era un marino-explorador noruego que años
antes había sido el primero en navegar por el paso del noroeste y
había intentado ser el primero en alcanzar el Polo Norte, pero se
le adelantaron Cook y Peary. Ahora se disponía a ser el primero en
llegar al Polo Sur, el objetivo más distante del que inicialmente se
había propuesto. La noticia era inquietante para Scott. Podría ade-
lantarse a su gran deseo. Se inicia así una especie de competición
entre dos expediciones con un mismo objetivo.

El noruego apoyaba su marcha con la sola ayuda de perros,
mientras que el británico lo hacía con unos vehículos de combusti-
ble especialmente diseñados para ello y de caballos ponis así como
también de algunos perros.

A primeros de diciembre el Terra Nova entró en la banquisa
y tuvo que permanecer 20 días preso en el hielo, lo que alteró los
planes de Scott. Con dificultad consiguieron llegar a tierra firme
y establecieron un campamento base en enero de 1911 en un lugar
que denominaron Cabo Evans, en honor a su segundo mando.
Allí se prepararon para pasar el duro y oscuro invierno.

Durante esa larga estancia aprovecharon para el reconocimiento del terreno y entrenamiento en aquellas duras condiciones. El sol se oscureció durante varios meses, pero los hombres
no permanecieron inactivos. Además del importante programa
científico había mucho que hacer, tanto para preparar los viajes en

trineo de la primavera como para subsistir día a día en un entorno
tan hostil.

Refugio de la expedición en Cabo Evans (1911). Fotografía de Polar Musem

Los expedicionarios también encontraban tiempo para diver-
tirse. Se celebraban comidas especiales siempre que se presentaba
la ocasión, y sobre todo los cumpleaños. *Además, todos los domingos se celebraba un servicio religioso,* para el que habían llevado muy
diversos instrumentos como una pianola que Debenham y Che-
rry-Garard se ocupaban de tañer.

Se organizaron después en tres grupos con diferentes objetivos. Uno de ellos estaba liderado por el también famoso Shackelton. Una de sus misiones era la de dejar depósitos con víveres en lo
que sería el camino hacia el Polo. El grupo que se dirigiría al Polo
estaba liderado por el propio Scott.

La experiencia de los tractores y los ponis no resultó positiva. Los vehículos fallaron muy pronto y los caballos demostraron que no eran aptos para aquellas condiciones. Unos murieron y otros tuvieron que ser sacrificados. La matanza supuso para algunos una sensación de alivio, que Wilson refleja al escribir: *"Gracias a Dios, nos hemos librado de los caballos".* Scott y cuatro hombres más, padeciendo innumerables penalidades continuaron hacia su objetivo que veían cada más cerca.

Los cinco miembros de la expedición a la Antártida. De izquierda a derecha, E. A. Wilson, Lt. H. R, Bowers, capitán Robert Falcon Scott, Petty Officer Taff Evans y capitán L. E.G. Oates. Fotografía de Polar Museum

Pero el 16 de enero de 1912 escribió en su diario: *"Ha ocurrido lo peor"* y continuó narrando que habían visto un objeto negro en el horizonte, que al acercarse había sido *"una bandera negra atada al soporte de un trineo; cerca los restos de un campamento; huellas de trineos y de esquís de ida y vuelta, y el rastro claro de pezuñas de perros, muchos perros. Esto nos lo dijo todo. Los noruegos se nos había adelantado y habían sido los primeros en llegar al Polo".*

Fue un descubrimiento desgarrador que la llegada al Polo, al día siguiente, no ayudó a mitigar: *"¡Dios mío, qué lugar tan horrible! –escribió Scott– ¡Y qué terrible para nosotros habernos deslomado para llegar a él sin la recompensa de la prioridad!".*

Desanimados tras ello, inician el descenso que ciertamente resultará fatal. Las fuerzas les van faltando cada vez más, a lo que se unió la inclemencia del tiempo y la escasez de comida. Y los cinco hombres que con tantas penalidades habían alcanzado el polo fueron muriendo como consecuencia del frío y del agotamiento. Pero Scott continuó escribiendo su diario en el que recoge muchas de las vicisitudes y problemas que encontraron.

El primero en caer fue Evans con la infección de un corte en la mano que le provocó numerosas molestias hasta el día de su muerte. Una pérdida que caló en el resto, sobre todo en las esperanzas del capitán, quien el 3 de marzo llega a escribir en sus páginas personales, *"Dios nos ayude, pues lo cierto es que no podemos continuar con este esfuerzo. En grupo todos estamos de buen ánimo, pero ignoro qué siente cada hombre en su corazón".* A continuación Scott cuenta la agonía y el final de otro de los componentes, Oates.

Viernes, 16 de marzo, o sábado 17. *–"Ya he perdido la cuenta de los días, pero creo que la fecha es correcta. La tragedia no cesa. Durante el almuerzo, anteayer, el pobre Titus Oates dijo que no podía seguir. Propuso que le dejáramos solo en su saco de dormir. No íbamos a aceptar, y lo instamos a continuar caminando durante la tarde. A pesar de lo lamentable de su estado, siguió avanzando y recorrimos algunos kilómetros más. Por la noche empeoró y vimos que había llegado su final. Si alguien encuentra y lee este diario, quiero que quede constancia de lo siguiente: las últimas palabras de Oates fueron para su madre, pero justo antes expresó su orgullo al pensar que su regimiento se sentiría complacido por la valentía con la que afrontaba la muerte. Nosotros somos testigos de ella. Soportó* *durante semanas, sin quejarse, intensos sufrimientos, y hasta el último momento pudo y quiso abordar problemas externos. No renunció a la esperanza –no quiso hacerlo– hasta el fin. Fue un alma valerosa. Así fue su final: pasó la noche de anteayer durmiendo, con la esperanza de no despertarse. Pero despertó por la mañana (de ayer). Soplaba una fuerte ventisca. Dijo: "Voy a salir, y tal vez tarde un poco". Salió afrentando la ventisca, y no hemos vuelto a verlo desde entonces".*

Dos días después el equipo reanudó su marcha viviendo nuevos momentos trágicos. Una fuerte tormenta de nieve hizo que el campamento que habían montado los dos últimos supervivientes se tambaleara. Estuvieron aislados ocho días y sin ningún tipo de posibilidad de salir, de huir de la muerte en la nieve. Llegaba así un capítulo póstumo que ya pronosticaba Scott, quien el 26 de marzo deja escritas unas palabras de despedida. "Perseveraremos hasta el final, pero cada vez nos encontramos más débiles, por supuesto, y el fin no puede estar lejos. Es una pena, pero no creo que pueda escribir más. *Por el amor de Dios, cuidad de nuestra gente".* Poco después murió. Estaban muy cerca de un depósito de alimentos que, de haberlo alcanzado, les hubiese salvado la vida.

Los cuerpos de ambos se encontraron el 12 de noviembre de 1912. Fue un grupo neozelandés de búsqueda quien los localizó. Allí estaban, inmóviles, congelados, pero mostrando la valentía y el honor que mantuvieron hasta el final y que quedó recogido en ese valioso diario que ha permitido revivir el calvario pasado por estos hombres.

Expedición imperial trasantártica de 1914

Hubo un tiempo, durante la primera década del siglo XX, en el que el británico Ernest Shackleton (1874-1922) fue el favorito para ser el primero en llegar al Polo Sur. Su primer viaje a la Antártida lo realizó entre 1901 y 1904, junto a Scott, y entre 1908 y 1909 encabezó su propia expedición.

Imagen de Ernest Shackleton aparecida
en la revista *The Heart of the Antarctic*. Fotografía de Cordon Press

Su éxito fue espectacular ya que alcanzó el Polo Sur Magnético, además de una marcha que lo llevó tan solo a ciento sesenta kilómetros del Polo. Cuando Amundsen y Scott llegaron a él en 1912, Shackleton empezó a pensar en su siguiente reto. Como él mismo escribió: *"Ya sólo quedaba una gran meta en los viajes antárticos: la travesía de todo el continente de costa a costa"*. El resultado fue la Expedición Imperial Trasantártica de 1914.

Organizó la expedición poco antes del estallido de la primera guerra mundial, y Ernest Shackleton puso un sorprendente anuncio en varios medios de comunicación. Buscaba hombres para que le acompañasen en su arriesgada aventura para lo que publicó lo siguiente: *"Se buscan hombres para un viaje peligroso. Sueldo bajo. Frío extremo. Largos meses de completa oscuridad. Peligro constante. No se asegura retorno con vida. Honor y reconocimiento en caso de éxito"*. Pero, ¿quién podría responder a esta loca invitación? Pensaríamos que nadie en su sano juicio, pero lo hicieron miles de aventureros. Tras una prolija selección, Shackleton eligió a los 26 hombres para acompañarle en la travesía de la Antártida, la que iba a ser una gran proeza en la exploración polar.

Shackleton justificó así la expedición: *"Desde el punto de vista sentimental es el último gran viaje polar que puede emprenderse. Será más importante que ir al Polo y creo que corresponde a la nación británica llevarlo a cabo, pues nos han derrotado en la conquista del Polo Norte y del Polo Sur. Queda el viaje más largo e impresionante de todos: la travesía del continente antártico"*. Shackleton y sus hombres se embarcaron en el Endurance (Resistencia), un antiguo ballenero. Además del jefe de la expedición, destacan entre los aventureros el fotógrafo australiano Frank Hurley, que inmortalizó gráficamente la odisea, y el capitán Frank Worsley, un navegante mítico. Tras una larga travesía desde Inglaterra recalando en Argentina, el barco llegó a la Antártida en un clima extremadamente frío. En la Bahía Vahsel quedó atrapado entre colosales bloques de hielo, que comenzaron a estrujar sus estructuras, y se inclinó peligrosamente. Los expedicionarios intentaron serrar el hielo para liberarlo, pero fue una tarea inútil.

Tripulación del Endurance. Al fondo, fumando una pipa, el capitán
Ernest Shackleton. Fotografía de Cordon Press

El 10 de noviembre de 1914 el barco fue aplastado por los hielos y la tripulación se vio obligada a abandonarlo. Pocos días después el Endurance se hundió. Entre las cosas que pudieron salvar había algunas chalupas que luego serían su salvación. Antes del hundimiento, el fotógrafo Hurley se sumergió en las aguas heladas para recuperar los negativos de sus fotografías, que eran de vidrio que habían quedado sumergidas en un camarote inundado. Eso permitió que ahora podamos disponer de esas formidables fotografías. El barco quedó reducido a astillas y se perdió para siempre bajo la capa helada. Comenzaban así una terrible experiencia duró veinte meses, en los cuales realizaron dos intentos casi fatales de escapar antes del rescate final.

Imagen del Endurance atrapado en el hielo. Fotografía de Cordon Press

Los 28 hombres (se había colado un polizón en la escala de Buenos Aires) intentaron desplazarse sobre el helado Mar de Weddell arrastrando sus barcas, pero recorrieron apenas un par de kilómetros al día, por lo que decidieron permanecer sobre el hielo bajo el que había miles de metros de agua. Tras cinco meses a la deriva sobre el inmenso bloque de hielo, la corriente les empujó hacia mar abierto y llegaron a una isla denominada Elefante, en el archipiélago de las Shetland del Sur.

Allí instalaron un precario campamento y sobrevivieron alimentándose de las focas y pingüinos que cazaban. Viendo la imposibilidad de salir y ante la certidumbre de que nadie iría en su búsqueda, Shackleton se embarcó en un bote con otros cinco hombres, entre los que estaba el navegante, Frank Worsley. Su intención era alcanzar la isla de San Pedro, en Georgia del Sur, y pedir ayuda para rescatar al resto de compañeros. El bote, llamado James Caird, medía 6,7 metros de eslora.

Esa travesía (1.300 kilómetros) en un mar helado y encrespado, era casi un imposible, y sigue siéndolo actualmente. Les llevó 16 días en los que en muy pocos momentos tuvieron el cielo despejado. La función del navegante era crucial, porque si pasaba la isla de largo (un punto minúsculo en medio del océano) les esperaba una muerte segura. Los vientos los arrojarían hacia la inmensidad del Atlántico, sin posibilidad de retorno. Worsley demostró lo gran marino que era: con sólo cuatro mediciones de sextante acertó de plano y desembarcaron en la isla.

Alcanzaron la tierra firme en mayo de 1916, pero el punto de arribada estaba todavía lejano del puerto ballenero en el que podían encontrar ayuda. Les fue necesario realizar una penosa marcha por aquella helada isla que nadie hasta entonces había recorrido. En el relato del propio Shackelton se descubre el agradecimiento a la ayuda divina a la que en muchas ocasiones había invocado.

Shackleton en el Quest en su última expedición a la Antártida.
Fotografía de Cordon Press

"Cuando miro hacia atrás esos días, no me cabe duda de que *la Providencia nos ha guiado,* no sólo a través de los campos de nieve a través del mar picado y blanco que separaba la isla Elefante del punto de desembarco en San Pedro. *Sé que durante esa larga y extenuante marcha de treinta seis horas por montañas sin nombre y glaciares de San Pedro, a menudo me pareció que éramos, no tres, sino cuatro los caminantes. No dije nada a mis compañeros en aquel momento, pero más tarde Worseley me dijo: 'Jefe, tuve la curiosa sensación de que había otra persona con nosotros'. Crean confesó también haber tenido la misma impresión"* (…) "Habíamos sufrido, habíamos pasado hambre, pero habíamos triunfado. Nos habíamos postrado para alcanzar la gloria, nos habíamos hecho más grandes en la grandeza de todo. *Habíamos visto a Dios en su esplendor,* y oído el texto que ofrece la Naturaleza. Habíamos alcanzado el alma desnuda del hombre".

Pero la aventura no había terminado, ni mucho menos. Tras atravesar la cordillera inhóspita durante tantas horas, extenuados y débiles pero con tesón y confianza, llegaron a un lugar habitado en Punta Arenas. Pero allí no recibieron la ayuda que esperaban de la armada británica. Había estallado la Primera Guerra Mundial y los objetivos de sus militares no pasaban por recoger náufragos. Fue el barco chileno Yelcho el que, tiempo después, les llevó de nuevo a la Isla Elefante y recogió a los 22 aventureros que allí se habían quedado.

"No hemos perdido ni una sola vida y eso que hemos pasado por el infierno", proclamó Shackleton al regreso de su aventura. Y según lo prometido en el anuncio de prensa antes de la partida, él y sus hombres recibieron "honor y reconocimiento".

Shackleton continuó con sus andanzas por el Antártico y fue allí donde murió en una de sus expediciones de un infarto en Grytviken (Georgias del Sur) el 5 de enero de 1922, a los 47 años y allí quedó su tumba para siempre[6].

6.　ALEXANDER, C., *Atrapados en el hielo*, Barcelona 2000.

Los conquistadores de lo inútil

Lionel Terray (1921-1965) fue el hombre legendario de las primeras ascensiones al Fitz Roy, en Patagonia; al Chacraraju, en Perú; al Makalu, en Nepal o al Mt. Huntington, en Alaska. Fue también el personaje decisivo en la victoria sobre el Annapurna, el primer *ochomil* alcanzado por el hombre, y el que realizó la segunda ascensión de la pared norte del Eiger, junto con su compañero de cordada y aventura, el igualmente legendario Louis Lachenal. Ambos ejercieron la profesión de guía de alta montaña en los Alpes que jugó un papel determinante durante la exploración de las grandes y remotas montañas del mundo. Su libro autobiográfico *Los conquistadores de lo inútil* es un verdadero testamento de la época y representa a la vez uno de los mejores textos literarios relacionados con el hombre y la montaña que jamás se hayan escrito.

Nacido en Grenoble en una familia burguesa realizó sus estudios en diferentes colegios y con no buen aprovechamiento. En lo que sí destacó desde muy joven fue en el deporte. Dotado de una constitución física muy desarrollada, supo aprovecharla particularmente para los deportes de montaña. Desde muy joven comenzó a esquiar y también muy pronto a escalar, dedicando a ello su vida entera.

En su libro –muy documentado y con abundante información– descubrimos, como de pasada, algunos comentarios con sentido religioso. En alguna ocasión hace referencia de los que fueron sus maestros en la montaña. Comentando su exitosa ascensión a *l'aguille du Moine*, una de sus primeras difíciles escaladas siendo todavía muy joven, citando a Guido Lammer recuerda sus palabras. *"Reconozco que la práctica apasionada del alpinismo y la constante amenaza del peligro conmociona las profundidades de nuestro ser y es ello la causa de profundas emociones morales, dígase religiosas, que pueden ser de alta espiritualidad".* Durante la guerra, estuvo implicado en comprometidas acciones de montaña y manifiesta admiración por alguno de sus mandos, como por el capitán Stéphane, de quien afirma que era *"ferviente patriota, gran mochilero y también un jefe muy humano y un cristiano convencido".*

Terrau, Lionel. 2019. *Les conquérants de l'inutile.* Turín: Guérin

El alpinismo comporta grandes riesgos que en ocasiones lleva a reflexionar. *"Durante el invierno aprendí que en este campo y durante toda mi vida, me he aventurado demasiado imprudentemente por peligrosas pendientes. Dios es testigo de ello".* Habla también de la misión del guía, que es importante y consciente de ello afirma: *"El guía es el señor. En la montaña, a la cabeza de la caravana solo él es el maestro después de Dios"*. Sabe también agradecer los favores recibidos. En una ocasión que tuvo una lesión descendiendo de l'agulle Noire que podría impedirle sucesivas ascensiones, ante su sorprendente curación afirma: *"El Cielo estaba conmigo!"* Otras veces hace referencia a la Providencia. La pared Norte del Eiger constituía –entonces y ahora– una arriesgada aventura. Junto con Louis Lachenal la ascendió en 1947 siendo la segunda cordada que lo conseguía tras muchos otros alpinistas que habían muerto en el intento. En un momento en el que los crampones no clavaban bien en la nieve, cuando lo consigue expresa: *"la Providencia estaba conmigo"*. En el descenso de esa enorme montaña la niebla les borra la ruta. Terray sigue a Lachenal y consiguen descender a lo que dice: *"lo conseguimos con la gracia de Dios"*. En otra ocasión, al regresar de una marcha muy penosa y con el cansancio acumulado de varios días en los que había dormido muy poco, cuando por fin puede descansar expresa al llegar a Montenvers: *"Mis dos clientes estaban encantados de su escalada y yo agradecía a la Providencia que me permitiese un reposo"*.

Una de sus grandes aventuras fue la de participar en la primera ascensión al Annapurna que lograron por primera vez sus compañeros Herzog y Lachenal. Aunque él no consiguió la cumbre expresó: *"Bendigo a la Providencia que me ha permitido vivir esta extraordinaria aventura"*. En esa expedición cuando, ayudado por los serphas, están instalando uno de los campamentos de altura manifiesta que *"con la gracia de Dios intentaremos subir hasta la cima"* y en su descenso ayudando a Lachenal extremamente debilitado confía su retorno *"a la gracia de Dios"*. Nuevamente atribuye a la Providencia no ser sepultado en una de sus estancias en los Andes y se pregunta: *"¿Por qué la Providencia nos ha permitido que no hayamos sido enterrados en una grieta?"*.

Terrau, Lionel. *2019. Les conquérants de l'inutile.* Turín: Guérin

En alguna ocasión habla de milagros, pero lo hace sin un sentido espiritual. Así afirma: *"En alpinismo, como en cualquier otro deporte, los milagros son raros"* por lo que anima a vivir la prudencia. Y en otra ocasión nos dice: *"Al regreso de Januu, cuando atravesábamos el glaciar Frêney, una avalancha de seracs sorprendió nuestra cordada; mi compañero murió y yo fui sepultado bajo cinco metros de hielo. En ese instante creí que la enorme suerte que me había acompañado hasta entonces acababa de abandonarme, pero, por uno de los más extraordinarios milagros que ha conocido el alpinismo, conseguí salir indemne".*

Vemos que las referencias religiosas son frecuentes por lo que podemos afirmar que Lionel Terray tenía en su interior lo que tantos hombres llevan dentro: el sentimiento de un Dios que le acompaña y le dirige sobre todo en los momentos comprometidos. Pero Terray no pudo cumplir el deseo que manifiesta en el epílogo de su libro. *"Si en realidad no hay ninguna roca, ningún serac, ninguna grieta que me esté esperando en algún lugar del mundo para detener mi carrera, llegará un día en el que, viejo y cansado, encontraré la paz entre los animales y las flores. El círculo quedará cerrado, y por fin seré el simple pastor que añoraba ser en mis sueños de niño".* Pero Terray murió a los 44 años en la caída en una escalada de no excesiva dificultad[7].

---

7. TERRAY, LIONEL, *Les conquérants de l'unitile*, Ed. Guerin. Turin 2019.

Tres reclutas evadidos

El 18 de julio de 1936 un grupo de militares capitaneados por el general Francisco Franco se sublevaron contra el Gobierno de la república española. Se le unieron otros militares comenzando así una guerra civil que duraría cerca de tres años. El conflicto tuvo múltiples facetas: lucha de clases, guerra de religión, enfrentamiento de nacionalismos opuestos, lucha entre dictadura militar y democracia republicana, entre contrarrevolución y revolución, entre fascismo y comunismo. Se crearon así dos bandos de ideas muy diferentes y se inició una sangrienta contienda.

El bando republicano, constituido en torno al Gobierno formado por el Frente Popular, estaba compuesto y por distintos grupos todos de ideología de izquierdas. Entre ellos comunistas y marxistas.

El bando sublevado, que se llamó "bando nacional", estuvo dirigido por el general Franco e integrado por miembros de la Falange Española, monárquicos y grupos conservadores

Durante la contienda en la zona republicana se desató una profunda persecución religiosa que llevó a realizar numerosos asesinatos por el simple hecho de ser católico, o llevar una señal de identidad religiosa (un rosario, un crucifijo, una imagen de la Virgen). Los de ideología contraria a las izquierdas que se encontraron en las regiones que seguían files a la República, tuvieron que ocultarse y muchos intentaron pasar al otro bando. La acción era peligrosa, ya que de ser detectados, la sentencia era, sin duda, su ejecución. No obstante fueron numerosos lo intentaron. Entre ellos tres jóvenes, seguidores del sacerdote Josemaría Escrivá que poco antes, en 1928, había fundado el Opus Dei.

Se trata de Álvaro del Portillo, Vicente Rodríguez Casado y Eduardo Alastrué Castillo, de algo más de veinte años cada uno. Como tantos otros no afectos al régimen republicano, al estallar la guerra tuvieron que esconderse durante meses en legaciones o consulados de Madrid y, cuando les fue posible, intentaron pasarse a la zona en la que podían libremente manifestar su fe.

Álvaro del Portillo estudiaba Ingeniero de Caminos, Canales y Puertos. Tras la detención de su padre por la policía gubernamental, tuvo que abandonar el domicilio familiar y estuvo en situación de fugitivo, huyendo de refugio en refugio.

Vicente Rodríguez Casado, era estudiante de Filosofía y Letras. En su juventud participó en algunas actividades políticas de signo tradicionalista. Al estallar la Guerra, su padre, militar de carrera, mostró su simpatía por las fuerzas que se habían levantado en contra del Gobierno establecido, por lo que padre e hijo tuvieron que esconderse en la legación de Noruega.

El tercero era estudiante de Ingeniería de Minas. Eduardo Alastrué, antes de 1936 se afilió a Falange, uno de los grupos políticos que apoyaron el levantamiento contra la República.

Los tres habían conocido los años anteriores al sacerdote Josemaría Escrivá y se habían incorporado al Opus Dei, siendo de los primeros de sus componentes. Conscientes de la situación en la capital de España y, con deseos de encontrarse con Don Josemaría, que se encontraba en la zona nacional después de haber pasado desde Madrid tras una marcha llena de peripecias, decidieron abandonar la zona republicana para acceder a la nacional.

Tras el tiempo en el que estuvieron recluidos en distintos lugares, iniciaron los preparativos para la huida. Comenzaron un primer periodo de recuperación física, pues habían estado casi sin moverse durante meses. Después se fueron presentando en la caja de reclutas para incorporarse al ejército republicano. Buscaban obtener un destino en el frente de guerra, donde pensaban que sería más fácil pasarse al otro bando. Como su edad de alistarse había pasado, intentaron hacerlo con nombres y fechas de nacimiento falsas, pero los resultados no fueron positivos. Al no conseguirlo volvieron a alistarse en otra caja de reclutas alegando una identidad diferente. Esa operación la repitieron varias veces: tres, en el caso de Del Portillo, dos en los de Alastrué y Rodríguez Casado, buscando siempre, ser enviados al frente.

Como los destinos que iban consiguiendo no eran adecuados para sus planes, ya que no los mandaban a primera línea, llegó un momento en que decidieron abandonarse en las manos de Dios y dejar que la Providencia dirigiera sus pasos. Con esa actitud confiada, y después de numerosas gestiones, intentos y peripecias que podríamos calificar de providenciales, resultó que tras alistarse una vez más por separado, acabaron los tres en el mismo regimiento. ¡Sorprendente en un ejército de 400.000 hombres!

Fueron destinados a la 21ª Brigada que salía el 24 de agosto de 1938 hacia Alcalá de Henares, población próxima a Madrid. Pero en el último momento cortaron la fila que subía a los camiones por Eduardo Alastrué y partieron Del Portillo y Rodríguez Casado. Pese a ello no dejaron de confiar que conseguirían estar los tres juntos.

Esa noche llegaron al pueblecito de Anchuelo, cerca de Alcalá de Henares, todavía en Madrid. Era un contingente de hombres generalmente de escasa cultura, muy ideologizados, sin moral de combate y mal equipados. El ambiente moral era paupérrimo. Álvaro del Portillo señala: *"En medio de tanto blasfemo, cuyo único*

pensamiento y conversación es tan extraordinariamente desagradable
para nosotros, resulta más intensa que nunca la necesidad de desaho-
garse con el cambio de impresiones con el hermano".
Estando allí, los mandos decidieron que doscientos soldados
salieran hacia Chiloeches, un pueblo en las cercanías de Guada-
lajara. Del Portillo fue designado para ese puesto y Vicente Rodríguez se presentó voluntario. El nuevo cuerpo necesitaba cabos
y se solicitaron personas que tuvieran experiencias en el ejército o
en las milicias, y conocimientos de lectura o escritura. Álvaro del
Portillo y Vicente Rodríguez no dudaron y, aunque nunca habían
servido en el ejército, se convirtieron así en cabos del ejército republicano, lo cual les dio ascendiente ante el teniente del Batallón,
lo que les permitía más autonomía de movimientos. De manera
sorprendente, que también podíamos calificar de providencial,
poco después fue destinado a la misma unidad Eduardo Alastrué.
Conseguían así estar los tres juntos con la mira puesta en el proyecto de fuga.

Como hemos dicho, los tres pertenecían a Opus Dei, y se es-
forzaban en seguir un plan de vida espiritual exigente: oración
mental, rezo del rosario..., que pese a las dificultades lo conseguían. Estando juntos se ayudaron mutuamente en cuidar esa
vida de piedad que peligraba tanto en aquel ambiente. El plan militar de cada día era exigente: levantarse, cola para recibir la malta
del ligero desayuno, instrucción, gimnasia... Durante el ejercicio
físico hacían un rato oración mental tratando al Señor, y a veces
conseguían liberarse de algunas prácticas para rezar paseando.
Por la tarde hacían otro rato de oración mental después de comer,
tumbados, o después de la instrucción, o tras un baño en un re-
manso del río Henares. Antes de cenar rezaban el santo rosario,
y tras la cena recitaban las Preces de la Obra, unas oraciones que
los miembros de la Obra rezan cada día, antes de dormir. Álvaro
del Portillo, había conseguido en un permiso que le permitió ir

a Madrid, disponer de formas consagradas, lo que les permitió comulgar todos los días a primera hora de la mañana. Trabaron también cierta amistad con algunos muchachos, aunque no pudieran jamás abrirse en confidencias espirituales.

El 9 de octubre el batallón se dirigió al norte, hacia el frente, ¡por fin! Fue una marcha a pie muy penosa, de unos setenta kilómetros. Al día siguiente, el día 10, ambos cabos pudieron saber, cada uno por una vía distinta, que existía la posibilidad de pasarse a la otra parte superando el pico Ocejón, que es la mayor altitud de esa zona. Rápidamente Del Portillo organizó la fuga. Debían pedir permiso al teniente, que lo facilitó sin problemas pues era grande la confianza que tenía en sus dos cabos. Alastrué fue elegido por el teniente como compañero pues, pese a la confianza que en ellos tenía, estimó que no era conveniente que fuesen solos por el peligro de fuga tal como le había aconsejado el sargento al que relevaron.

En la madrugada del día 11 de octubre los tres expedicionarios, después de comulgar, salieron corriendo bajo la lluvia, enfilaron una vaguada en la ladera del Ocejón que habían visto el día anterior. Desde un alto, divisaron un pueblo en el horizonte, y orientados por dónde debían hacerlo, bajaron por un terreno de piedra pizarrosa suelta, húmeda y resbaladiza, que alternaba con gayuba, que es una planta rastrera, tapizante, igualmente resbaladiza, llegando hasta el cauce del arroyo Fragüela, una bajada muy penosa que les llevó dos horas agotadoras. Siguieron paralelo al arroyo, por el piso de pizarra suelta y gayuba, a media ladera muy inclinada, avanzando hasta encontrar el río Sonsaz. Lo atravesaron por un rústico puente de dos o tres tablones.

Su estado era débil, pues Alastrué y Vicente Rodríguez Casado llevaban tres días prácticamente sin comer, pero su espíritu no desfallecía. Álvaro del Portillo iba casi descalzo. Desde una pradera previa al puente, divisaron una población, y la prudencia los llevó a consumir las formas consagradas que aún les quedaban para evitar posibles profanaciones y pernoctaron en una cueva que allí encontraron.

Al día siguiente, 12 de octubre, fiesta de Nuestra Señora del Pilar, amanecieron poco después de las 6 de la mañana. Hicieron un nuevo rato de oración u antes de emprender la marcha, vaciaron las cantimploras sin beber nada, pues tenían la esperanza de que llegarían a algún pueblo ya en la zona nacional en el que podrían asistir a Misa y comulgar. En esa época el ayuno eucarístico, el tiempo que debía pasar sin comer ni beber antes de comulgar, empezaba a medianoche del día anterior.

A partir de allí, el terreno era menos bronco: matas de jaras, robles y más adelante pinos. Iban encontrando huellas de carros y rastros de cabras, que son señales de que se acercaban a un pueblo. Desde un alto del camino, en un claro, divisaron una pequeña localidad, con su iglesia, que luego sabrían que se llamaba Cantalojas. Eran las 8:30, Rodríguez Casado se preguntó si se podría percibir el sonido de las campanas, y en ese instante llegó un repique que les supo a gloria, confirmando que el pueblo era su destino deseado. Comprobaron que estaban en zona nacional pues las campanas anunciaban el comienzo de la Misa. Del Portillo lo calificó así: «no creo que sones humanos fuesen nunca más armoniosos que lo fueron los de aquel pobre campanario de iglesia de pueblo, para nosotros». Al acercarse al pueblo, en medio de los pinares encontraron a un grupo de pastores que ya los habían visto, y que estaban atemorizados. Para demostrar las buenas intenciones, les entregaron las armas y se encaminaron a Cantalojas.

Sin embargo, ya que se trataba del paso de un frente a otro, los tres prófugos corrían aún grave peligro. En la plaza de Cantalojas, pueblo situado en el mismo frente de guerra, había una nutrida guarnición compuesta por una sección de Falange, una sección de Requetés y otra de la Guardia Mora. Tenían datos de que tres soldados republicanos se acercaban al pueblo, y no sabían si era una avanzadilla o un ataque del enemigo. Como precaución, habían dispuesto las ametralladoras para repeler el ataque en cuanto apareciera el enemigo en la zona despejada que rodeaba al pueblo, donde se podía disparar a placer. Además, siguiendo una táctica militar ordinaria, los oficiales tenían un puesto de guardia con tres vecinos del pueblo a la salida del pinar, armados y ocultos, y con órdenes de disparar a cualquier extraño que atravesara la tierra de nadie. Al aproximarse los tres fugados, les echaron el alto y les pidieron la contraseña, pero a pesar de no obtener respuesta, no les quisieron disparar: algo en su interior les aconsejó que no lo hicieran. Comprobada sus intenciones, en el pueblo fueron calurosamente acogidos Acababa así una larga marcha de veinticuatro horas en la que habían caminado treinta y un kilómetros, a través de cuatro cadenas montañosas, con un desnivel acumulado de mil ochocientos metros.

Pudieron asistir a la Misa que comenzaba entonces en la fiesta de la Virgen del Pilar. Recuperados tras el almuerzo comenzaron las declaraciones y con ellas el asombro de los que escuchaban los peligros que habían corrido. En un momento dado el comandante de la Guardia que les tomaba declaración tiró el lápiz sobre la mesa y exclamó: *"¡Pero no se dan cuenta que están vivos de milagro!"*

Ya en zona nacional con la consiguiente alegría, pronto pudieron ponerse en contacto con las familias que allí pudiesen tener y resultó emotivo el encuentro con san Josemaría Escrivá que se encontraba en Burgos. Comenzaba entonces una nueva vida de estos tres jóvenes que después daría abundantes frutos.

Acabada la contienda Álvaro del Portillo se doctoró como Ingeniero de Caminos, también doctor en Filosofía y en Derecho Canónico. Fue un colaborador estrecho de san Josemaría y se convirtió en su primer sucesor al frente del Opus Dei. Recibió numerosos encargos de la Santa Sede, especialmente en el Concilio Vaticano II. Sacerdote, obispo fue beatificado por el papa Francisco en 2014.

Vicente Rodríguez Casado, obtuvo cátedra de Historia Universal Moderna y Contemporánea en las universidades de Sevilla y Complutense de Madrid, fundó la Universidad Hispanoamericana de Santa María de La Rábida.

Eduardo Alastrué se doctoró en Ciencias Naturales e Ingeniería de Minas. Trabajó en Sevilla, al obtener la cátedra de Mineralogía, Geografía Física y Geología y realizó estancias de investigación en Francia y en Inglaterra. En 1949 ocupó cátedra en Zaragoza y después en Sevilla y en Madrid[8].

8. Cfr. GONZÁLEZ GULLÓN, J. L., *Escondidos*, pp. 409-422, Rialp, Madrid 2918.

Accidente en el Mont Blanc

En la Navidad de 1956 dos jóvenes apasionados de la montaña deciden realizar la ascensión al Mont Blanc por una difícil vía, la Brenva. Eran el francés Jean Vincendon, de 24 años, aspirante a guía y François Henry, belga de 22 años. Parten de Chamonix el 22 de diciembre con intención de permanecer tres o cuatro días en la montaña. Ascienden en el teleférico a la *Aiguille du Midi* (3842 m), cruzan la *Vallée Blanche* y ascienden al refugio Torino (3371 m) donde pernoctan. El 23 llegan a la cabaña Fourche (3684 m), punto de partida para su escalada y allí pasan una nueva noche. El 24 intentan la ascensión pero las enormes dificultades, unidas al empeoramiento del tiempo impide que puedan completarla. Deciden entonces bajar a Chamonix y en su descenso se cruzan con el famoso guía y alpinista Walter Bonatti, que sube acompañando a un cliente. En la conversación que mantienen deciden reintentar la ascensión haciendo dos cordadas y los cuatro pasan la Nochebuena en la cabaña de la Fourche.

El día de Navidad se dirigen al collado de Moore. Vincendon y Henry continúan hacia la Brenva, mientras que Bonatti y su cliente toman otra vía, la Poire, ambas con cima en el Mont Blanc. Bonati asciende sin problemas y se acerca a la Brenva para ver la otra cordada, pero comprueba que han avanzado muy poco. Al anochecer, los dos grupos hacen campamentos improvisados –vivacs– donde son abatidos por una tremenda tormenta de nieve.

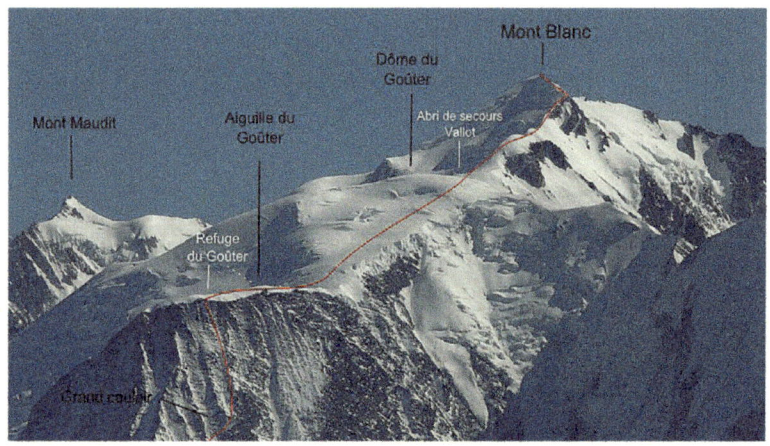

Ruta del Goûter hacia el Mont Blanc. Fotografía de Wikimedia Commons

Al día siguiente, 26 de diciembre, Bonatti los ayuda a cruzar el extremo del Espolón y los cuatro continúan el ascenso con muy mal tiempo. Se encuentran a tan solo 400 metros de la cima del Mont Blanc al que deben llegar para descender por la vía normal al refugio Vallot, pero Vincendon y Henry pierden el contacto con Bonatti y deciden descender al valle ya que están muy cansados. El descenso por la *Combe Maudite,* es muy complicado y un verdadero laberinto. Agotados llega un momento en el que no pueden ni descender ni ascender y deben pasar una nueva noche en las alturas, la quinta en la montaña.

En el valle, al no tener noticias de ellos después de varios días, surge la alerta. El 27 de diciembre, Claude Dufourmantelle, amigo de los dos jóvenes, alertó a la Sociedad de Rescate de la Montaña de Chamonix pero no hay equipos especializados en rescates invernales, la meteorología es muy mala y la Compañía de Guías de Chamonix no accede a arriesgar a sus hombres. Los días van pasando y los montañeros deben estar en situación desesperada, sin comida y temperaturas por debajo de los 30 grados. La noticia corre por toda Francia y una nube de periodistas acude a Chamonix. Muchos diarios y revistas publican extensos comentarios como *Navidad trágica en el Mont Blanc* de *La Liberté*. También acuden los padres de los dos jóvenes. Lionel Terray, famoso himalayista que ha conquistado el Anapurna, organiza por su cuenta una cordada de rescate en contra del parecer de sus colegas. Se dirige en dirección a *Grands Mulets* pero se ve obligado a regresar días después sin resultado alguno. Se pide la colaboración de los grupos de montaña del Ejército que, con cierta dificultad, se ponen en marcha y el comandante Le Gall dirige las operaciones. El jueves 27 un helicóptero Sikorsky S-55, utilizado en Indochina poco apto para la montaña, hace un reconocimiento pero no localiza a los jóvenes.

Al día siguiente, 28 de diciembre, el asunto creció en el valle. Los guías profesionales continúan reacios a organizar la asistencia desde tierra debido a las condiciones peligrosas. Un helicóptero despega de Fayet y localiza a Vincendon y Henry en el *Combe Maudite*. No logra recuperarlos, pero les envía alimentos, con un mensaje: "*Subid 200 metros más alto, al Gran Plateau*", un lugar más seguro para un rescate en helicóptero. Se elabora un complicado plan de rescate que requería dos helicópteros, diez rescatadores y siete horas de buen tiempo. La nieve frustra el proyecto el día 29 y los desafortunados deben pasar una nueva noche a 4000 metros sin tienda que les proteja. El 30 el pronóstico del tiempo tampoco permite ninguna operación. Pese a ello parte una cordada con Gilbert Chappaz y Jean Minster con intención de ayudarles desde el refugio Vallot

El 31 de diciembre, Le Gall recibe dos helicópteros más del ejército, el Sikorsky S-58, con potencia suficiente para soportar las corrientes ascendentes. Uno de ellos con dos guías y dos militares, se dirige al lugar donde se encuentran. Con las dificultades por la altitud y la nieve en polvo, el piloto perdió el control y el helicóptero se estrella muy cerca del lugar en el que se encuentran los jóvenes. Afortunadamente no hay nuevos heridos pero quedan ahora los cuatro ocupantes a 4000 metros, dos de ellos, el comandante Santini y el adjunto André Blanc, que no tienen experiencia montañera. Vincendon y Henry son trasladados a la cabina del aparato siniestrado y los otros se desplazan con mucho peligro hacia el refugio Vallot (4362 m). Blanc cae en una grieta y solo se recupera con gran dificultad pero logran llegar al refugio, donde llega también la cordada de apoyo de Chappaz y Minster. Se organizan y atienden a los heridos pese a la temperatura de menos 15 grados en el interior y menos 30 al exterior. Al día siguiente esperan la evacuación por helicópteros, pero tampoco entonces será posible.

El 2 de enero es un día infernal y todas las operaciones son interrumpidas. Continúan en Vallot los seis hombres, dos de ellos en estado grave, y los dos jóvenes en la cabina del aparato siniestrado bastantes metros más debajo de los que no puede saberse si todavía permanecen con vida. El día 3 sale radiante y dos nuevos helicópteros, Alluette, más apropiados para la montaña pueden aterrizar en el refugio Vallot. La orden es evacuar a los militares y a los guías. Con el acuerdo del padre de François Henry se decide renunciar a la operación de rescate de los jóvenes y son abandonados. Tiempo después, el 20 de marzo de 1957 una expedición desciende los cuerpos de los dos alpinistas.

La operación fue seguida con una gran polémica. El absentismo de los guías de Chamonix y la tardía intervención del Ejército fue criticado por muchos. El cuantioso gasto de la operación y el riesgo para los salvadores también se tuvo en cuenta. El caso condujo a la creación de unidades de socorristas profesionales: el Pelotón de Gendarmería de Alta Montaña (PGHM) y la compañía del CRS Alpes. Están operativos en cualquier época del año y han permitido generalizar el rescate en helicópteros. Fueron muchos las publicaciones que surgieron sobre este tema. Una de ellas muy completa es el libro de Yves Ballu, *Naufrage au Mont Blanc*, que reproduce con detalle día a día de las operaciones[9]. En él no encontramos ninguna referencia religiosa de Jean Vincendon y de François Henry, pero no podemos afirmar que no las tuvieran. Fueron muchos días de agonía ante una muerte que parecía segura. No era la intención del autor expresar estos sentimientos y además le hubiese sido imposible conocerlos. Lo que sí podemos conocer es lo que uno de sus compañeros escribió a la madre de François al conocer la noticia de la muerte que dice: *"Comprendo tu gran dolor y yo no puedo más que repetirte las palabras que François me dijo confidencialmente poco antes de partir. Me expresó su sueño de pasar el día de Navidad en la montaña y añadía que para él, toda ascensión era una oración y que cuanto más dura fuera más le aproximaba a su madre (…). Yo le veo como un gran arcángel en la luz y él nos protegerá a todos".*

El libro recoge algunos testimonios del ayudante del piloto del helicóptero que se estrelló yendo en su ayuda. Pese a que en el accidente ninguno resultó herido, dos militares y dos guías, se encontraron a más de 4000 metros con temperaturas de treinta grados bajo cero y André Blanc era un militar sin experiencia de montaña. Los guías, después de instalar a Vicendón y Henry en los restos del aparato siniestrado condujeron a los pilotos hacia el refugio Vallot. La marcha fue muy dura y sobre todo Blanc piensa que no le será posible llegar. En varios momentos manifiesta su angustia. *"Al extremo de la cuerda marcho como un autómata. Intento poner los pies en las huellas preparadas por el primero de la cordada pero no siempre lo consigo, entonces me hundo en la nieve*

---

9. BALLU, YVES, *Naufrage au mont Blanc*, Glénat, Grenoble 1998.

hasta las rodillas y me resulta muy penoso salir. Recuerdo con horror la grieta en la que he caído anteriormente, mi corazón se encoge instintivamente y tiendo las manos para agarrarme a cualquier cosa, pero ¿a qué? ¡Dios mío ayúdame!".

Después de varias jornadas en las que no se puede saber si Vincendon y Henry estaban vivos alguien de Chamonix pensó que quizá hubiesen dejado un escrito como el que se encontró junto a los restos de un tal Joss Bean, americano en 1870 que decía: *"Martes 6 de septiembre. He hecho la ascensión al Mont Blanc con diez personas (…). Hemos llegado a la cima a las 2 horas y media. En el descenso hemos sido envueltos por la niebla mucha nieve. Hemos pasado la noche en una gruta excavada en la nieve a 15000 pies que nos ha proporcionado muy mal abrigo. 7 de septiembre. Frío excesivo. La nieve cae sin interrupción. Mi querida Hessie, hemos perdido el camino y no tengo esperanza de salir de aquí. No tenemos nada para comer, tengo los pies helados y estoy agotado (…) Muero en la fe en Dios y en los pensamientos de por ti. ¡Adiós a todos. Espero que nos encontremos en el Cielo!".*

No podemos saber si los pensamientos de Vincendon y Henry fueron semejantes. Lo que sí es cierto es que fueron conscientes de que su fin estaba muy próximo y no cabe duda de que se prepararon para ello.

Seis niños en una isla deshabitada

El historiador holandés Rutger Bregman en su libro *Humankind: a hopeful history* explica lo que les sucedió en 1965 a un grupo de seis adolescentes de 13 a 16 años de una escuela católica de la isla de Tonga en la Polinesia. Bregman encontró el caso rastreando hemerotecas y acudió a Tonga para hablar con algunos de los protagonistas cuando ya eran sesentones. Mano, que tenía entonces 15 años y fue uno de los protagonistas, explicó a Bregman su historia.

Con sus amigos Sione, Stephen, Kolo, David y Luke robaron una barca y decidieron huir del hastío del colegio Nuku'alofa en el que estaban internos. Se embarcaron e iniciaron una aventura marinera rumbo a Fiji, pero la preparación del viaje no fue bien planificada. Muy pronto se perdieron a la deriva: no llevaban brújula, ni mapa y se quedaron dormidos. Una tormenta destrozó su vela. Después se rompió el timón. *"Estuvimos ocho días a la deriva, sin comida, sin agua"*, explicó Mano al historiador. Llevaban consigo sólo dos sacos de plátanos, unos pocos cocos y un hornillo de gas. No consiguieron pescar y bebían agua de lluvia que guardaban en los cocos vacíos: un sorbo cada uno por la mañana y otro por la noche. Al octavo día, llegaron a la isla de 'Ata que no es un paraíso de playas blancas y palmeras, sino una roca enorme de 600 metros de radio, con un cráter volcánico y playas de piedra.

Tan pronto como pusieron pie en la isla y comprobar su comprometida situación. Se organizaron y planificaron las tareas. Estructuraron un horario y un turno de trabajos en tres grupos de dos y rotando según las diferentes necesidades. *Cada día empezaba y finalizaba con una oración* y canciones. Kolo usó madera de deriva, medio coco y seis cuerdas de alambre tomadas de su bote inutilizado para hacer una guitarra que aún la guarda en su casa. La música y la oración los mantenía unidos, animados y esperanzados. En verano casi no llovió y sufrieron terriblemente de sed. Más adelante recogieron agua de lluvia en troncos ahuecados. También hicieron el pacto de no pelearse entre ellos y, aunque no siempre lo cumplieron, enseguida frenaban la pelea declarando un "tiempo muerto" y así permanecieron durante quince meses.

Al principio la comida era muy escasa: peces, cocos y pájaros. Después, cuando pudieron explorar la isla con más detenimiento, descubrieron que en lo alto, en la caldera volcánica, había árboles frutales (taros y bananas)... ¡y gallinas y pollos! Ellos no lo sabían, pero cien años antes la isla estaba poblada. Un barco esclavista se llevó a la mitad de la población a Sudamérica; la otra mitad pasó a otra isla de Tonga. En esa época, la isla ya contaba con una pequeña iglesia protestante. Cuando estos la abandonaron las gallinas quedaron en 'Ata y se reprodujeron por su cuenta durante un siglo.

Los jóvenes intentaron construir una balsa para dejar la isla, pero no lo consiguieron. La cosa empeoró cuando Stephen resbaló, cayó de un risco y se rompió la pierna. Los otros le recogieron y le recolocaron la pierna usando madera y vendas de hojas. Bromearon con él diciendo que le cuidarían bien y podría tumbarse a descansar como si fuese el mismísimo rey de Tonga. Cuando meses después un médico pudo verlo quedó asombrado de lo bien que había sanado.

El 11 de septiembre de 1966, tras ver un fuego en la isla, les encontró sin saber nada de ellos el barco de Peter Warner, un aven-

turero australiano y cuando éste explicó por radio que había encontrado seis chicos vivos en la isla abandonada (y sanos y fuertes),
el pueblo entero lloró de ilusión y alegría. Llevaban quince meses
desaparecidos y familias y vecinos habían celebrado sus funera-
les y agotado su duelo. *"Gracias por rescatar a seis de mis súbditos.
¿Hay algo que pueda hacer por usted?"*, planteó el rey de Tonga,
Taufa'ahau Tupou IV, al capitán Warner. El australiano le pidió
permiso para cazar langostas en las aguas de su país. El rey se lo
concedió, y Warner contrató a los chavales para que trabajaran
con él en su barco de pesca.

La bahía noroeste de 'Ata en Tonga, la isla en la que sobrevivieron 15
meses los 6 chavales, (2001). Fotografía de David Burley

Peter Warner contó esta historia al historiador Rutger Bregman, y le enseñó sus memorias. En la primera página se puede
leer: *"La vida me ha enseñado mucho, incluyendo la lección de que
deberías siempre buscar lo bueno y positivo en las personas"*.

Esta historia real contrasta con la contada por William Golding en la novela *El Señor de las Moscas* que publicó en 1951 con un enorme éxito, en la que cuenta la imaginaria odisea de un grupo de sesenta jóvenes de esas edades que tras un accidente de avión quedan solos en una isla del Pacífico. En esa novela el comportamiento de los jóvenes no es nada ejemplar. Surgen entre ellos serias desavenencias y peleas llegando a matar a uno de ellos. En esos adolescentes lo que predominaba es el egoísmo, mientras que en los jóvenes de Tonga lo que prevaleció fue la ayuda mutua y *el recurso a Dios a través de la oración*. Bregman señala que la historia positiva de los seis chavales de Tonga cayó en el olvido y era desconocida en el mundo, mientras que la historia ficticia e inquietante de *El Señor de las Moscas* la han leído millones de personas en la que describe una cruel realidad humana[10].

10. Cfr GINÉS, P.J, en *Religión en Libertad*, 20 de mayo de 2020.

Después del día diez

En 1972 se estrelló en los Andes un avión uruguayo que llevaba a Chile a un grupo de jóvenes. Después de diez días de intensa
búsqueda sin resultado positivo, se les dio por muertos. Pero no
todos habían fallecido. Setenta y dos días después saltó la noticia
de que algunos sobrevivían en un glaciar de los Andes. De los
cuarenta y cinco viajeros algunos perecieron en el accidente, otros
quedaron heridos y murieron los días siguientes, pero algunos pudieron sobrevivir aunque en unas condiciones extremas. Quedaron abandonados en las nieves a más de tres mil metros de altitud,
sin ropas de abrigo, sin saber dónde se encontraban y sin comida.
Transcurridos más de treinta años de aquel drama que conmovió
al mundo entero, algunos de los supervivientes han escrito sus recuerdos. En 2006 lo hizo Nando Parrado, que tras una marcha de
nueve agotadoras jornadas consiguió dar el aviso a unos campe-
sinos. Años después el que escribe es Carlos Páez, uno de los que
permanecían en los restos del avión. Su relato es conmovedor[11].

Páez nos cuenta la dramática situación en la que se encontraban y el ánimo de aquellos jóvenes. Los primeros días vivían con

11. PÁEZ, C., *Después del día 10. La cordillera de los Andes me enseñó a
vivir*. Alienta Editorial, Barcelona 2007.

la esperanza de que pronto serían localizados, pero el día décimo escucharon por la radio que se abandonaba la búsqueda. Tras los momentos de desánimo y casi desesperación, conscientes entonces de que su salvación dependía tan solo de ellos, deciden organizarse. Quedaban a partir de entonces a su sola suerte. Surge entonces entre ellos la conciencia de formar un grupo y que sólo con la ayuda mutua podrán superar las innumerables dificultades. La única solución es que alguno pueda comunicar la noticia. Entre tanto, ante la carencia de alimentos, se ven obligados a tomar la tremenda decisión de ingerir los cuerpos de los compañeros muertos. La fe, la esperanza, el grupo y la convicción de que se podía fueron las razones que les llevaron a seguir luchando, y algunos consiguieron contarlo.

Ballu, Yves. 1998. *Naufrage au Mont Blanc.* Grenoble: Glénat

A lo largo del relato se describe el recurso continuo de Páez –y junto a él de los demás– a solicitar la ayuda del Cielo. Todos los días acudían a Dios; rezaban el rosario juntos y suplicaban la ayuda divina. Tan sólo uno de ellos que se consideraba ateo no lo hacía, pero a medida de que transcurrían los días y viendo que la salvación era cada vez más difícil, acabó uniéndose a todos. Rememorando lo sucedido el autor del libro manifiesta: *"Dios tuvo mucho que ver con lo que logramos, pero no porque se tratara de un milagro. Según yo lo entiendo, el verdadero milagro hubiera sido que los cuarenta y cinco que viajábamos en el avión hubiéramos seguido con vida, que nadie hubiera muerto. Él tuvo mucho que ver con el apoyo que logramos darnos entre nosotros, con el respaldo que recíprocamente nos alcanzamos. Y esto fue así, a pesar de que hubo momentos en los que lo insultamos con dureza, como el día, por ejemplo, que se produjo la avalancha, pero hasta el hecho de que lo insultáramos, en definitiva, significaba que existía, que estaba ahí. Que lo teníamos en cuenta. Y que creíamos que algo podía hacer todavía para darnos las fuerzas necesaria que nos ayudarían a encontrar una solución que nos sacara de la montaña".*

Otro testimonio que no aparece en este libro pero que cuenta el protagonista, es el de Luis Inciarte, alias "Coche", un joven uruguayo de 24 años. No era jugador de rugby, pero se apuntó al viaje con el deseo de pasar unos días en Chile invitado por uno de sus amigos. Fue uno de los sobrevivientes y falleció en 2023.

Como varios de ellos relata sus recuerdos, que para todos fue un auténtico infierno, pero en el que todos colaboraron para salir adelante. "Coche" nos habla del *"17 pasajero"*. Lo hace testimoniando un "encuentro" que con Él tuvo y que mantuvo durante tiempo.

Cuando días después del accidente se encontraban recluidos y protegidos en el interior de los restos del avión, otra tremenda desgracia les llegó: fueron sepultados por enorme alud de nieve en el que murieron otros ocho compañeros. Fue tras ello cuando José Luis tuvo ese encuentro.

"Estaba aprisionado –nos cuenta "Coche"–. *"Todo se había convertido en hielo, y me preparé para morir. Cuando sentí que me estaba acercando hacia el paraíso donde estaba mi padre, un compañero, que luchaba por salir, me puso el pie en la cara y dejó un hueco frente a mi nariz. Pude respirar como un recién nacido. Le dije a mi padre que volvería con él en otro momento, que había gente en esta vida que me estaba esperando"*, comenta José Luis. Después de tres días sepultados bajo la nieve, lograron llegar a la superficie. *"Resucitamos al tercer día, de la peor experiencia de nuestras vidas"*, asegura "Coche".

Y, ese mismo día, el rostro del *"superviviente número 17"*, aquel que los había acompañado en la montaña todo ese tiempo, se iba a revelar. "Fue un momento determinante para mí. *Salimos del avión por un agujero y sobre la nieve me encontré con Jesús de Nazaret. El hombre que había dicho: 'Amaos los unos a los otros, como yo os he amado', estaba frente a mí. No puedo describir la cara, porque no era nítida, pero sentí que nos venía a decir que hiciéramos las cosas bien. Esas palabras lo cambiaron todo. De ahí en adelante acampó un gran amor entre todos nosotros"*, relata José Luis.

Los supervivientes empezaron a descubrir que detrás de cada acción que tomaban siempre estaba la mano providente de aquel compañero de viaje. Lo que no entendían era el porqué de todo aquello. *"Cuando subí al avión, en Mendoza, mi mejor amigo me dijo que me sentara con él, pero justo se sentó otro. Cuando chocamos, mi amigo y su compañero murieron y yo me salvé. Antes de la avalancha, dentro del fuselaje, el capitán del equipo de rugby me pidió que le cambiara de sitio para que estuviera más protegido del frío. Al rato, él murió y yo sobreviví. No sé por qué me elegía siempre y me hacía seguir viviendo, cuando la muerte era la mejor opción que se podía tener"*, relata "Coche".

La oración fue, desde el principio, el mejor reconstituyente, tras el alud, era un alimento más. *"Todas las noches rezábamos jun-*

tos el Rosario. Era como comprar un billete para la paz, a esa paz que uno siente cuando se está muriendo. Aquello nos permitía hablar con Dios, y nos mantuvo el ánimo muy alto", comenta Inciarte. Durante aquellos días interminables en la nieve hablaban de restaurantes y, a veces, componían oraciones. *"No recordábamos muy bien 'la Salve' y fuimos armando una a nuestro estilo, con lo que se sabía cada uno. En ella, además, se menciona al 'valle de las lágrimas', que después supimos que era como se llamaba el lugar donde nosotros estábamos",* añade.

Cincuenta años después, en 2022 Gustavo Zerbino, otro de los supervivientes quiso volver el lugar del accidente. Le acompañó su familia y el Padre Diego María y allí celebraron una Misa en memoria de los desaparecidos. *"He rezado por cada una de las personas que aquí murieron"* explicaba el sacerdote. Una parte de los restos del avión se colocaron bajo el ara del altar y Zebrino llevó una cantidad de hierba procedente del terreno de rugby de Uruguay donde él había jugado con sus camaradas. Padre de seis hijos Zebrino ha conservado una fe ardiente a pesar de la violencia de los acontecimientos y manifiesta una profunda devoción a la Virgen de Guadalupe de la que una de sus hijas lleva su nombre. El papa Francisco recordó este aniversario con una carta datada el 10 de octubre de ese año en la que llama a rezar por los fallecidos con una atención particular a las madres de los que murieron en el accidente. El papa manifiesta también reconocimiento por el testimonio dado por estos jugadores *"en los que el dolor y la incomprensión por lo que vivieron ha sido transformado en un signo de vida y esperanza".*

A finales del año 2023 se estrenó una película que tuvo un enorme éxito. Llevó por título *La sociedad de la nieve* dirigida por Juan Antonio Bayona en la que se relata la odisea de estos jóvenes. Se trata de un film de una alta calidad y denominado para obtener varios Oscar. En ella descubrimos con detalle el enorme sufrimiento durante tantos días de aquellos de los jóvenes en aquel inhóspito lugar. La película es de una magnífica calidad, pero sin embargo en ella no aparece la componente religiosa. Es cierto que en algún momento se hace algún amago. En una ocasión se ve a uno de los componentes rezando un Padre nuestro. En varios momentos se muestran los crucifijos que los accidentados llevaban y en otro momento se muestra una nota en la que aparece una cita del evangelio, pero siempre lo hace como de pasada sin darle la importancia que la oración tuvo en aquel grupo de jóvenes uruguayos.

Más de un año a la deriva por el Pacífico

Una calurosa tarde del año 2008 llegaba a un pequeño pueblo de pescadores en el estado de Chiapas (México) un hombre de algo más de treinta años llamado Salvador Alvarenga. Había caminado durante seis días huyendo dc El Salvador, su país, donde por rivalidades entre vecinos, querían matarle. Llegaba sin un peso y tuvo que pasar muchas penalidades hasta que alguno de esos marineros le llevó como ayudante en sus salidas al Pacífico. Pronto dio a conocer su experiencia y habilidad y tiempo después y con gran esfuerzo, llego a ser propietario de una pequeña embarcación con la que ya podía ganarse la vida pescando. Entre tanto se iba integrando en la vida del pueblo conociendo a sus gentes y a algunas de las jóvenes −con una de las cuales tuvo una hija− y llegando también a tener incluso algunos altercados en la cantina.

El 17 de noviembre de 2112, cuatro años después de su llegada planificó una salida de pesca de dos días de duración fichando para ello a Ezequiel Córdoba, un joven de 22 años sin experiencia. Para conseguir buenas capturas era necesario adentrarse en el Pacífico alejándose muchas millas de la costa. Allí era donde podían encontrar pequeños tiburones y otros peces de cierto valor. Era consciente de la inestabilidad meteorológica, pero no podía perder el tiempo. Al principio todo fue bien, pero ya en alta mar se desencadenó una tremenda tormenta. Muchas veces había superado situaciones similares, pero en aquella ocasión un fallo del motor le impidió regresar y la sencilla embarcación quedó a la deriva. Comenzó entonces una aventura que no podía pensar que duraría tanto.

Durante siete días la tempestad azotó su bote. Las olas eran tan grandes que en una ocasión Córdoba fue lanzado al agua pero Alvarenga pudo agarrarle por el pelo. Además del motor, el bote de cubierta perdió su radio y su equipo de pesca. Solo quedó una caja grande que, a modo de nevera, usaban los pescadores para guardar sus peces hasta su llegada a puerto y un cubo para achicar el agua. Cuando la tormenta pasó, Alvarenga fue consciente de que se habían alejado mucho de la costa mexicana y se encontraban perdidos. Podían ver los aviones que volaban sobre ellos, pero debido a no tener mástil ni bengalas el pequeño bote de 7,6 metros era invisible en el inmenso océano.

La falta de comida, pero sobre todo la falta de agua dulce pronto comenzó a atormentarles. Alvarenga había pescado desde que era niño y eso le salvó. En su país, había aprendido a atrapar peces sin cañas ni redes, sino metiendo sus manos al agua. Ahora en el corazón del Pacífico, los peces pasaban rozando la barca y, con mucha paciencia, lograba agarrar alguno con sus dedos. Las aves marinas comenzaron a posarse en el barco. Para ellas, la embarcación de fibra de vidrio era un lugar para descansar en el inmenso mar. Con sorprendente astucia logró capturar alguna, lo que les proporcionaba un nuevo alimento. Debido al hambre, comieron todas sus partes, hasta sus plumas. Lo único que desecharon fue el contenido de los estómagos que a menudo estaban llenos de plástico y basura. El océano se convirtió en una fuente de alimento: tortugas de mar, tiburones pequeños y algas. Pero no siempre conseguían lo suficiente. Unos días, atrapaban un pescado; otros atrapaban dos aves...

La basura del océano fue su aliada y pudieron conseguir algunas botellas de plástico y un barril flotante que chocó contra su barca lo que les sirvió para almacenar el agua de la lluvia. El sol extremo abrasaba sus cuerpos su único recurso era acurrucarse en la nevera.

Entre tanto *Alvarenga rezaba mucho*. Y le pedía a Dios paciencia. Pero los días pasaban y Córdoba iba perdiendo la esperanza. *"Pronto nos rescatarán o llegaremos a una isla"* le repetía Salvador, pero su compañero parecía no escucharle. Un día de mucha lluvia en el que Córdoba estaba muy débil y se sentía morir, se acurrucaron los dos dentro de la nevera y como habían hecho durante semanas. Rezaron juntos y Córdoba le pidió a Alvarenga que si sobrevivía visitara a su madre. Le dijo que estaba muy tranquilo porque estaba con Dios. *"Nos despedimos. Él no sentía dolor. No sufrió y murió poco después"·* Tras lanzar el cuerpo de su compañero al océano Alvarenga quedaba completamente solo y entonces consideró el suicidio. *Solo el temor de que Dios condenaría su alma al infierno impidió que llegase a realizarlo, afirmó después.*

Al final, no fue un barco lo que le salvó. Tras 438 días de flotar en aguas interminables, el 30 de enero de 2014 vio montañas y la barca se aproximó a la costa. Cuando estaba lo suficientemente cerca, se echó al agua y nadó hacia lo que más adelante conocería que era el atolón Ebon de las islas Marshall. *"Toqué tierra primero. Luego llegó mi barco. Sentí las olas, sentí la arena, y sentí la costa. Estaba tan feliz que me desmayé en la arena".* Contactó con los moradores en la playa pero no hablaban español por lo que recurrieron a imágenes y gestos para comunicarse. Le dieron agua pero empezó a hincharse. Le atendieron y fue conducido a un gran barco que lo transportaría a un hospital. Habían pasado más de catorce meses y se calcula que había recorrido 7000 millas.

La noticia de su llegada pronto se dio a conocer. Con ropa destrozada y con su cabello y barba enmarañada y extremamente delgado tras muchos meses en el mar, Alvarenga se encontró rodeado de cámaras de noticias y de reporteros. En cuestión de días, pasó de la existencia más solitaria imaginable a ser un personaje entrevistado y requerido por muchos.

Salvador Alvarenga antes y después de sus 438 días en el Pacífico.
Fotografía publicada en "El Salvador recibirá como un héroe al
náufrago perdido en el Pacífico", El País (2014)

Recuerda haber visto muchos barcos que pasaban a su lado, pero no sabe si eran reales o si los imaginaba. *"Les hacía señas y no sucedía nada"*, dijo. *"Pero pensaba que Dios iba a decidir qué barco me iba a salvar"*. Alvarenga, diez años mayor que Córdoba, cree que sobrevivió, en parte, debido a su experiencia en el mar abierto, *pero también lo atribuye a su optimismo y fe en que Dios lo salvaría. Rezó mucho y cantó himnos, incluso en los momentos más devastadores en el mar,* afirmó una vez rescatado. Ahora Alvarenga vive en El Salvador y está tratando de restaurar la relación con su hija

Fátima que había abandonado cuando era niña. *"Estoy feliz de estar vivo. Estoy feliz de estar con mi familia. Estoy orgulloso de ser quien soy. Simplemente estoy feliz de estar aquí"* y asegura que continúa rezando todos los días[12].

---

12. FRANKLIN, JONATHAN, Salvador. *La increíble historia de Salvador Alvarenga y sus 438 días a la deriva,* Alianza Editorial.

Un judío que invoca a Dios

Yossi Gihinsberg era un joven israelí que, como a tantos otros, el ejército de su país le obligó a abandonar su vida civil para realizar un largo servicio militar. Durante esos tres años su comportamiento fue un modelo para el combate con una gran disciplina física y mental y mostrándose como un ejemplar patriota. Pero finalizado su servicio militar, en 1981, decide iniciarse en otra aventura diferente. Parte a Sudamérica, donde se pone en contacto con otros jóvenes que como él buscan experiencias en aquella selva tropical. Conoce así a Karl, a Marcus y a Kevin, jóvenes de diferentes nacionalidades pero con un mismo espíritu. Juntos planean una marcha por la selva siguiendo en parte las corrientes del río Tuchi o caminando por la jungla hasta Rurrennabaque para continuar después hasta Riberalta. Son terrenos ni siquiera conocidos por los nativos y llenos de peligros e incertidumbres. Confiando en la experiencia de Karl se lanzan a una aventura que no saben bien cómo puede terminar.

Tras varias jornadas de marcha el grupo se disuelve. Marcus y Kevin, al comprobar la dureza del recorrido, deciden regresar. De ellos no se volvió a tener noticia. Karl y Yossi continúan descendiendo las impetuosas corrientes del río. En un momento su frágil embarcación arroja al agua a Yossi, que es arrastrado por la corriente de la que no consigue salir hasta después de muchos tramos en los que ha descendido el denominado Mal Paso de San Pedro. Afortunadamente no perdió su mochila estanca en la que llevaba algo de comida, un plano, ropa de abrigo y un libro de oraciones judías que le había entregado un tío suyo antes de salir. Comprueba entonces que su única posibilidad de supervivencia era seguir descendiendo por aquella selva para él totalmente desconocida. Muy pronto sus pies resultan totalmente llagados, la comida escasea y el camino se hace cada vez más intransitable. Yossi continúa su marcha siendo consciente de que es su único modo de salir con vida. La amenaza de un jaguar durante una noche le lleva a dirigirse a Dios con las siguientes palabras: *"Dios mío, ayúdame a no ser devorado por una fiera"*. En otros muchos momentos recurre a la ayuda de Dios, consciente de que sin él no conseguirá salir con vida. En una de sus situaciones comprometidas, temblando de frío tras una terrible tormenta y con temor a coger una pulmonía expresa esta confesión con toda su alma: *"Perdóname Señor por haber dudado y no haber confiado en Ti tantas veces. Yo sé que Tú velas por mí. Te pido que no caiga enfermo y que salga de aquí sano y salvo. ¡Te lo suplico Dios mío!"*. Piensa entonces que sería conveniente hacer una promesa, pero rechaza la idea creyendo que es una contrapartida. *"Para reconfortarme, saqué de mi mochila el libro de oraciones de mi tío Nissim. El saco de plástico no le había protegido suficiente. Besé su cubierta y lo metí en mi bolsillo"*.

Días después Yossi continuaba intentando avanzar por la jungla. Sus fuerzas son cada vez más débiles y en uno de los momentos confiesa: *"Sé que hay alguien que vela por mí. El libro de mi tío Nissim va a protegerme. Mientras lo tenga en mi bolsillo, resistiré a la muerte. No debo subestimar sus poderes, no me va a dejar perder la esperanza. Veo que tengo más fuerza de lo que pienso. Si he podido sobrevivir hasta aquí, puedo continuar"*. Sus oraciones son cada vez más suplicantes a la vez que confiadas.

Yossi Ghinsberg hablando en 2016. Fotografía de Wikimedia Commons

Tras catorce días de penosísimas marchas, con los pies destrozados, todo el cuerpo lastimado y débil, atacado en buena parte por termitas, hormigas gigantes y todo tipo de insectos, Yossi consiguió llegar a una playa en la que pudo ser rescatado. Al recordar su aventura también manifiesta de modo expreso que agradece a Dios haberle guiado durante su calvario por la selva y haberle sacado con vida.

A su regreso tras meses de recuperación en un hospital pudo rehacer su vida. Sirvió tres años en la marina israelí en el Mar Rojo. Durante este tiempo entró en contacto con los beduinos del desierto del Sinaí y aprendió más sobre su cultura nómada. Con el fin de recaudar dinero para continuar viajando realizó varios trabajos en Noruega, la pesca en Alaska y la carga y descarga de camiones en Nueva York . En 2009 volvió a Israel y estableció en Collecteco. Ghinsberg ha impartido numerosas conferencias desde el año 2001 y ha publicado varios libros en los que expresa de manera muy gráfica sus experiencias y dificultades durante sus tres semanas por la selva del Amazonas[13].

13. GHINSEBERG, YOSSI, *Jungla: Una historia real*, Ed. Dauro.

Un aterrizaje forzoso en el Amazonas

Nacido en Santarém, ciudad situada en la confluencia de los ríos Amazonas y Tapajós en Brasil, Antonio Sena era amante de la Amazonía, pero nunca llegó a pensar la aventura que allí tendría que vivir. Había superado los cursos para pilotar avionetas y trabajó en los servicios de taxi aéreo en Brasil y en otros países como Chad. Pensando en una vida más tranquila abrió un restaurant en su ciudad natal, pero el negocio no funcionó como hubiese deseado y para conseguir más dinero aceptó una propuesta de "grimperos", activistas mineros ilegales. *"Nunca me atrajo esa posibilidad"*, añadiría después, pero Sena –que tenía 36 años– necesitaba dinero y acordó realizar dos viajes para llevar suministros a una de las minas ilegales en el interior de la Amazonia.

El 28 de enero de 2021, sobrevolando la selva comprobó con horror que a su avioneta, Cessna 210, le fallaba el motor. Con dificultad logró aterrizar en un valle en muy malas condiciones. Salió del aparato tan rápido como pudo pero pudo tomar algunos enseres: una mochila, tres botellas de agua, una bolsa con panes, cuerda, un kit de emergencia con navaja multiuso, linterna y dos encendedores. Poco después la avioneta explotaba. Quedaba solo en la inmensidad de la selva amazónica. Los primeros días esperaba ser rescatado y llegó a escuchar los aviones que fueron en su búsqueda pero, a pesar de las señales que les hizo, no pudieron verle por la abundante vegetación. Y después... ¡nada! *"Quedé devastado, pensé que no lograría salir de allí, que iba a morir"*. Gracias al GPS determinó su ubicación y planteó una ruta hacia el este, siguiendo la posición del sol. En esta dirección el mapa marcaba dos pistas de aterrizaje que sugerían la presencia humana. Comenzó así una marcha que duraría 38 días. *"Había agua, pero no comida y estaba vulnerable, expuesto a predadores"* como el jaguar, el cocodrilo o la anaconda, cuenta. Pudo saciar su hambre con las frutas que veía comer a los monos y consiguió tres huevos azules de tinamú, su única proteína en esos días solitarios en los que perdió 25 kilos.

Pese que tras la muerte de su padre estaba enfadado con Dios se vio en la necesidad de recurrir a Él y, según él mismo afirma, experimentó una fuerte conversión hasta el punto de que Dios fue su sustento durante esas semanas. Como dato curioso, Antonio llevaba una camiseta en la que estaba estampado el Sagrado Corazón de Jesús. *"El quinto día en la selva mi cuerpo y mi mente se vinieron abajo y grité: ¡Dios no puedo hacerlo! Entonces le escuché que me decía: 'Si quieres volver a tu familia sigue el camino'. Le pedí fuerzas e inmediatamente recibí una gran paz. Mi cuerpo e inteligencia no podían soportar la situación, pero mi mente se hizo cargo"*. A partir de ese momento recobró la esperanza de que podría salir. *"Era el mismo bosque, la misma selva, los mismos problemas, pero todo cambió"*, relata.

En una entrevista posterior explicaba: *"Después de ese momento tenía la absoluta fe de que iba a salir de ahí: no sabía cuándo o a qué hora porque ese tiempo pertenecía a Dios, pero lo tenía claro en mi corazón que iba a salir de ahí"*. Lo único que debía hacer era caminar, caminar, sin desistir y así lo hizo. *"Sin cesar en ningún momento, aun cuando las cosas estaban más difíciles cuando tenía muchos dolores, cuando estaba con frío bajo la lluvia, cuando parecía que no podía seguir más"*, Sena seguía su marcha. *"Dios, dame tu fuerza porque yo no puedo más"* Era la frase que pronunciaba en los momentos de flaqueza.

Antonio Sena da gracias a Dios tras lograr salir con vida tras 36 días perdido en el Amazonas tras estrellarse con su avioneta. Fotografía publicada en "Antonio se estrelló en el Amazonas y sobrevivió 36 días solo: entre los depredadores se convirtió", Religión en Libertad (2021)

Durante aquellos días de soledad, Dios se convirtió en su único compañero de viaje: *"Me hablaba todo el tiempo, me decía 'aquí estoy. No tengas miedo. Camina en paz'. Veía al Sagrado Corazón en mi camiseta y era una señal de su presencia"*. Además, recuerda: *"Rezaba todo el tiempo. Por la mañana abría los ojos y le saludaba, por la noche le pedía que no lloviera. En ese momento empezaba a llover muy fuerte, y entonces cambiaba mi oración y le pedía que me diera fuerza para soportar la lluvia"*.

Al día 35 Sena escuchó por primera vez algo ajeno a la selva: una moto-sierra a la distancia. Al día siguiente volvió a escucharla y caminó hacia esa dirección, hasta que dio con un campamento de recolectores de castañas de Pará... ¡Era su salvación!

Su historia la ha relatado en un libro titulado *Stay Alive until the End*[14], que bien podría ser llevada a una película y la ha contado en numerosos encuentros con gentes de todo tipo. Hoy su vida ha cambiado y piensa que su misión es dar testimonio de lo vivido y lo hace repitiendo con convencimiento que *"Dios no es el que hace sufrir al hombre, sino quien ayuda al que sufre".*

---

14. SENA, A., *Stay Alive until the End, (Mantente vivo hasta el final)*, 2021.

Un secuestro de más de seis años

La figura de Íngrid Betancourt ha sido muy conocida por su actividad política y por su largo cautiverio en manos de las FARC. Nació en Bogotá (Colombia) el 25 de diciembre de 1961. Era hija de un político que después fue embajador de su país en Francia donde ella cursó estudios universitarios. Se casó en París con un diplomático con el que tuvo dos hijos y del que posteriormente se separó. Regresó a Colombia y participó activamente en la política abogando por una salida pacífica del conflicto armado de su país. Después de renunciar al Partido Liberal, postuló por el Partido verde *Oxígeno al Senado* en las elecciones legislativas del año 1998, siendo electa con la primera mayoría nacional. Renunció a su escaño en el año 2001 para postularse a la presidencia de su país en las elecciones del año 2002.

En aquellos años la situación en Colombia era muy inestable. En 1964 había comenzado a actuar en el país un grupo revolucionario denominado Fuerzas Armadas de Colombia (FARC). Se trataba de un movimiento político, social y armado que se rigió bajo el ideario marxista-leninista con presencia en toda Colombia. Su estatuto interno, su mando unificado y su vocación de poder en la perspectiva de una verdadera democracia, no dejaban duda de su carácter beligerante.

El 23 de febrero de 2002, Íngrid quiso dirigirse a la zona de distensión establecida por el entonces presidente Andrés Pastrana con el fin de mantener conversaciones de paz con la guerrilla. El trayecto era peligroso, pues una parte del territorio que tenía que atravesar estaba controlado por los guerrilleros. Hizo gestiones para desplazarse en helicóptero, pero las autoridades gubernamentales se lo negaron, por lo tuvo que hacerlo en coche atravesando esa peligrosa zona. Muchos le aconsejaron que no lo hiciera pero, pese a ello, se arriesgó y en ese trayecto fue secuestrada junto con su compañera y asesora Clara Rojas.

Comenzaba entonces un calvario que duraría varios años. En ese tiempo fue esposada y retenida en una choza, a veces con una cadena al cuello, recluida en un recinto rodeado de alambradas o forzada a caminatas extenuantes por la selva. Su cautiverio iba a durar más de seis años pese a suscitar un amplio movimiento de solidaridad internacional, así como algunos intentos polémicos de negociación y rescate.

Durante su cautiverio, sólo tres pruebas de vida fueron difundidas por sus carceleros. Las dos primeras (2002 y 2003) mostraban a Betancourt aún con buen aspecto físico y voz firme. Luego, silencio y rumores. La tercera fue obtenida por el ejército en noviembre de 2007, al capturar a varios guerrilleros que tenían en su poder documentos sobre los cautivos.

En un vídeo, la rehén aparecía demacrada, muda y sombría, y en una carta que deseaba enviar a su madre establecía una comparación entre la esclavitud combatida por Abraham Lincoln y la situación de los secuestrados. Su conclusión era desoladora: *"Aquí, vivimos como muertos"*, decía.

Antes de ser secuestrada en 2002, Íngrid era una mujer de poca fe. Ella misma lo reconoce. Durante los casi siete años que permaneció en la selva colombiana en poder de las FARC, los únicos libros que tenía consigo eran la Biblia y un diccionario, así que durante los largos días de cautiverio se dedicaba a leer y meditar la Palabra de Dios. Tenía acceso también a un sencillo aparato de radio que todos los días escuchaba para entretenerse e informarse.

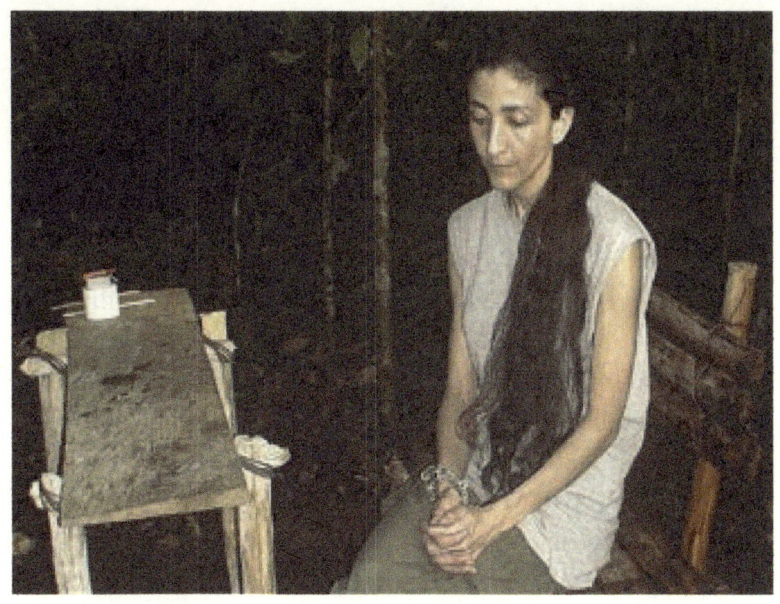

Ingrid Betancourt en una imagen extraída de un vídeo de los secuestradores.
Fotografía publicada en "Más de cinco años en manos de las FARC", El País (2007)

El 1 de junio de 2008 estaba oyendo la Radio Católica Mundial y escuchó las promesas prometidas a quien se consagrase al Sagrado Corazón de Jesús. A Íngrid le impresionaron algunas: la primera es tocar el corazón duro de quienes le hagan sufrir; la segunda bendecir los proyectos del interesado; y la tercera, la ayuda de Él para cargar la cruz que cada uno ha recibido. Cuenta ella que al escucharlas dijo: "*Eso es para mí. Yo necesito que Dios toque el corazón duro de la guerrilla, que toque el corazón duro de todos aquellos que no dejan que se produzca nuestra libertad y que Él me acompañe a llevar esta cruz porque yo sola ya no puedo más*".

Entonces se dirigió al Sagrado Corazón de Jesús y le dijo: *"Jesús, yo en estos años nunca te he pedido nada.* Pero hoy sí te voy a pedir algo: como éste es el mes del Sagrado Corazón, tu mes, te voy a pedir que me hagas el milagro, no de mi liberación porque no creo que sea posible, pero hazme el milagro de que yo sepa cuándo voy a ser liberada, porque si yo sé cuándo, aunque sea dentro de muchos años, tendré fuerza de aguantar. Si tú me haces ese milagro, Señor mío, yo seré tuya".

Su situación dio un inesperado vuelco un mes después, el 2 de julio de 2008. Un comando de las Fuerzas Armadas de Colombia que se habían infiltrado en las FARC haciéndose pasar por guerrilleros, realizó una operación de inteligencia militar que tuvo como resultado su liberación. Junto a ella también liberaron a tres estadounidenses y once miembros del Ejército Nacional que habían permanecido secuestrados algunos por más de diez años. La liberación, denominada *Operación Jaque,* constituyó un gran triunfo político para el gobierno del Presidente de Colombia Álvaro Uribe, y también para su ministro de defensa, Juan Manuel Santos, quién resultaría elegido Presidente dos años más tarde.

Ya en libertad, esa primera noche, participó en una rueda de prensa, junto a los demás rescatados, organizada por el presidente Uribe que contó con la presencia de todos los ministros del gobierno y los comandantes de las Fuerzas Militares de Colombia. Los rescatados dieron testimonios de su cautiverio, de su liberación y exhortaron a las FARC a alcanzar la paz. Con emoción y todavía confusa por su liberación, Íngrid dijo lo siguiente:

"Vamos a ver si me sale la voz, porque estoy muy, muy emocionada. Acompáñenme, primero, a darle gracias a Dios, a la Virgen. Mucho le recé. Mucho me imaginé este momento con mi mamita (Se dirige a ella allí presente: No llores más, no más llanto). Gracias a Dios, primero; segundo, a todos ustedes que me acompañaron en sus oraciones, que pensaron en mí, que me tuvieron en su corazón,

así fuera por un momentito; que, de pronto, sintieron compasión por nosotros los secuestrados...

Esta mañana, cuando me levanté, recé el Rosario a las 4 de la mañana; me encomendé a Dios... Estuvimos esperando todo el día, no sabíamos qué... Oímos los helicópteros. Yo miré para arriba al cielo y pensé:

¡Qué curioso es sentir felicidad oyendo un helicóptero cuando, durante siete años, cada vez que lo oigo me da miedo!... Nos dijeron que teníamos que subir a uno de ellos esposados. Eso fue muy humillante. Rogaba a Dios que me diera fuerzas para aceptar las humillaciones que se iban a venir... Cerraron las puertas y despegamos, y de pronto vi al comandante que durante cuatro años estuvo al mando de nosotros, que tantas veces fue tan cruel y tan déspota; lo vi en el suelo, en peloto, con los ojos vendados... No crean que sentí felicidad, sentí mucha lástima. Pero le di gracias a Dios de estar con personas que respetan la vida de los demás. ¡Somos el Ejército Nacional. Están en libertad! Nos dijeron. El helicóptero casi se cae, porque saltamos, gritamos, lloramos, nos abrazamos... No lo podíamos creer. Dios nos hizo este milagro. Esto es un milagro. Esto es un milagro que quiero compartir con ustedes, porque sé que todos ustedes sufrieron con mi familia, con mis hijos, sufrieron conmigo.

En un secuestro uno deja muchas plumas, como la soberbia, la terquedad... Llegué (a la selva) con una cantidad de necedades..., pero termina uno zafándose de eso, liberándose. La mano de la Virgen en este proceso es clara para mí. Simplemente, uno tiene dos opciones: odiar, o entregarse a Dios y buscar en una espiritualidad mayor la paz del corazón. No los odio... ¡Que Dios bendiga a mis captores! Espero que esta experiencia les permita cambiar su corazón. Es la hora de que rectifiquen... Todos podemos ser ángeles o demonios para los demás. Cada uno de nosotros en su interior puede ser extraordinariamente bueno y extraordinariamente malo. Y todos podemos caer en ese horror de ser lobos para otros.

Lo que es cierto es que tengo una fe inmensa. Pienso que mi liberación es un milagro. Lo pienso realmente. Antes tenía fe, pero era una fe ritual. Creía, sí, pero sin mucha preocupación. En la jungla, no podía despreocuparme. La fe ha sido mi fuerza, una presencia absoluta. La veo y puedo tocarla...

Todo se lo debo a Dios... Pertenezco a Jesús. Soy de su Sagrado Corazón y no he desfallecido ni un momento en la oración...

Ahora no puedo olvidar que dejo tras de mí a muchos seres humanos, víctimas de las FARC... (Y dirigiéndose a los secuestrados:) Estoy con vosotros. Sé que muy pronto podremos abrazarnos. Os amo, a cada uno de ustedes lo llevo escrito en mi corazón".

Meses después, libre y recuperada, acompañada por sus hijos fue recibida en audiencia privada por Benedicto XVI en el Vaticano cumpliendo uno de sus primeros deseos. Pudo mantener con él una afectuosa conversación durante 25 minutos, en los que le contó detalles de su estancia en la selva y su liberación

Cuenta ella que el Santo Padre le dijo: *"Él te hizo el milagro de tu liberación, porque tú supiste pedirle. Porque tú no le pediste tu liberación, tú le pediste que se hiciera su voluntad y que te ayudara a entender su voluntad".*

Tras la audiencia, Íngrid aseguró que Benedicto XVI siempre ora por los secuestrados: *"El papa lleva el dolor de los que sufren en su alma"*, es un *"hombre de luz"*. Igualmente envió un mensaje de aliento a aquellos que fueron sus compañeros de cautiverio y que aún no han sido liberados: *"Sé que esta voz va a llegar a la selva colombiana. Sé que pronto los voy a abrazar en la libertad".*

Betancourt manifestó después dirigiéndose a todos aquellos que no creen: *"Hay muchas personas que están enojadas con Dios y no quieren creer y tantas personas a quienes les da vergüenza creer en Dios. Yo lo único que les puedo decir es que hay alguien que nos oye y nos habla con palabras y que si nosotros entendemos cómo hablarle a él, él nos va a ayudar".*

También hizo una llamada a los miembros de la guerrilla, que entonces tenían cerca de tres mil secuestrados en su poder: *"Ustedes me tuvieron siete años cautiva. Los conozco profundamente, conozco su organización su manera de pensar sus objetivos. Hoy quiero decirles que el mundo los está esperando. El mundo quiere que haya espacios en su mente para que ustedes logren la paz en Colombia. (...) La respuesta está en el corazón de ustedes no en los cálculos militares y políticos"*, concluyó.

Tiempo después viajó a París (*Francia es mi casa,* dijo), donde el presidente Nicolas Sarkozy la condecoró con la Legión de Honor, que ella dedicó a "todos los que sufrieron y continúan cautivos". Ese año fue galardonada con el premio Príncipe de Asturias de la concordia. El jurado estimó que Betancourt personificaba "a todos aquellos que están privados de libertad" y valoró "su defensa de los derechos humanos y su lucha contra la violencia terrorista, la corrupción y el narcotráfico". Su regreso a Colombia parecía incierto, pues la guerrilla la declaró "objetivo militar", pero en el año 2021 se reincorporó a la política colombiana abandonándola poco tiempo después.

Renacer en los Andes

A Miguel Ángel Tobías se le puede calificar como un verdadero aventurero. Ha practicado todo tipo de deportes de riesgo: paracaidismo, escalada, buceo en cuevas, descenso de barrancos, acrobacias aéreas, y ha vivido muchas situaciones verdaderamente angustiosas y en no pocas de esas aventuras ha podido sentir una excepcional ayuda que no se puede explicar con criterios simplemente humanos. En su libro *Renacer en los Andes* cuenta una de ellas [15].

Ocurrió en agosto de 2003, en una expedición en los Andes cuando se preparaba para ascender uno de aquellos picos, el Nevado Chachani, de 6200 metros de altitud en Perú. Partió con Carlos y Willi, dos buenos amigos acompañados por un guía local. Hicieron una aproximación en un todo-terreno y a unos cinco mil metros de altitud montaron las tiendas para pasar la noche. Como a tantos ocurre, fue afectado del mal de altura. Comenzó a tener un fuerte dolor de cabeza, vómitos y taquicardia por la falta de oxígeno. También sus compañeros se encontraron indispuestos,

---

15. TOBÍAS, M.A., *Renacer en los Andes*, Ed. Luciérnaga, 6ª edición, Barcelona 2022.

pero Miguel Ángel tomó la decisión de partir de allí solo lo antes posible, caminando hacia lugares a menor altitud. La decisión era arriesgada porque la tarde estaba avanzada, pero pensó que su corazón no le iba a aguantar. El guía intentó retenerle pero no le hizo caso y partió hacia lugares más bajos aún consciente de que no le resultaría fácil.

Caminó durante dos horas hasta que cayó la noche. Se encontró entonces perdido y helado de frío. La temperatura a esa altitud desciende de manera muy rápida. Ya a las 7 de la tarde era de 15 grados bajo cero. Comenzaba entonces un verdadero infierno. El viento gélido le atravesaba como lo hubiesen hecho millones de alfileres; la ropa que llevaba era claramente insuficiente y el pensar que aún le quedaban muchas horas de noche llegó a angustiarle. La oscuridad, la irregularidad del terreno y la incertidumbre del lugar en el que se encontraba, unido al agotamiento, hicieron que el cuerpo le pidiese detenerse. Comprendió que no podía hacerlo, sería una locura, supondría una muerte segura. Pese a ello no pudo resistir y se tumbó dando por perdida la batalla. No podía continuar y pensó que sería mejor morir así que continuar con el terrible tormento del frio. *"Miguel Ángel, duérmete y acaba con esto ya, duérmete ya"*, se dijo.

Recordó entonces algunas de las historias que había leído de supervivencia en situaciones difíciles en las que habían salido adelante gracias a no dejar de luchar, a no abandonarse. Eso le hizo reaccionar, aunque era consciente de que caminar no podía. Decidió entonces realizar algún ejercicio con los músculos de su cuerpo y fue realizando contracciones musculares en todos sus miembros. Su deseo era que pasase la noche con rapidez, pero para su desamino comprobaba que el tiempo transcurría con extraordinaria lentitud. Muchas veces se dijo con convencimiento: *"Si me abandono sé que me voy a morir, por ello debo seguir luchando"*. Pero junto a ello, el agotamiento y el sueño le iban venciendo. Y sin llegar a desearlo, se quedó dormido. Su muerte entonces estaba asegurada.

Y aquí fue cuando ocurrió algo sorprendente. Recuerda perfectamente que en un momento sintió, de manera clara, como una mano se aproximaba a su cara y, según cuenta, entendió un mensaje que le decía: *"Miguel Ángel no podemos –sí, en plural–, no podemos que estés viviendo esto. Tú te has colocado en esta situación. Libre albedrío. Pero ¡no estás solo!"*. Descubrió que se había quedado dormido y que esa mano lo había despertado y así salvado su vida. Acababa de librarse de una muerte segura. No podía entonces permitirse ni un solo momento más de relax en esa batalla entre la vida y la muerte. Comenzó nuevamente con los ejercicios de contracción con cada músculo de su cuerpo. No supo cuánto tiempo pasó pero nuevamente se durmió. Y una segunda vez una mano le tocó con igual presión en la misma zona de la cara. Desde ese momento reaccionó con mayor decisión, diciendo: *"Dios me ha salvado de morir esta noche dos veces, ya no estoy dispuesto a rendirme"*.

Pasó la noche sin dejar en ningún momento los ejercicios que le mantenían despierto y aligeraban o, al menos le parecía, del tremendo frío y así llegaron las primeras luces del nuevo día. Pero con ellas vino un nuevo motivo de desaliento: ¿Hacia dónde dirigirse? No había referencia alguna y no sabía dónde se encontraba. Nuevamente pensó que moriría y allí, rodeado de montañas en absoluta soledad, clamó desde lo más hondo de su ser: *"¡Dios mío, ayúdame! ¡Ayúdame por favor!"*. Notó entonces una presión profunda en el corazón y fue consciente de que acababa de entrar en diálogo directo con Dios, por lo que volvió a gritar ahora con más confianza: *"¡Por favor! ¡Dame juicio para tomar la decisión correcta!"*. Entonces se dijo: *"Miguel Ángel, le has pedido a Dios que te dé juicio para tomar la decisión correcta y el primer pensamiento que has tenido es 'camina en línea recta', por lo que, si Dios te ha escuchado y ya está contigo, Él ya ha decidido que tuvieras ese pensamiento en la posición en la que estás"*. Agarró la mochila, se la colgó a la espalda y empezó a caminar sin saber hacia dónde iba. Y mientras caminaba, su mente no paraba. Cada vez percibía con más claridad que la posibilidad de salir con vida era reducida, diríase imposible. Se veía solo y asustado y fue por eso por lo que hizo una nueva petición a Dios: *"¡Por favor! ¡Envíame una señal!"*. La necesitaba. Necesitaba saber que estaba caminando en la dirección correcta. Pese a ello, era consciente de que estaba siguiendo *"la instrucción que le decía: ¡Camina en línea recta!"*. Entre tanto, por su cabeza iban pasando todo tipo de pensamientos: ¿Quién encontraría su cadáver?, ¿cómo comunicarían su fallecimiento? Y tantas cosas más que le hacían sufrir terriblemente.

A primera hora de la tarde continuaba el mismo paisaje y los mismos tropiezos pero entonces surgió una chispa de esperanza. En un lugar lejano, al fondo de la dirección que llevaba, descubrió una larga hilera de humo que ascendía hacia el cielo. Pese a ello, le invadió un sentimiento de desánimo y se dijo a sí mismo que no tenía sentido seguir caminando. Que le daba igual morir allí que algunos kilómetros más adelante. Pensó sentarse y quedarse quieto y esperar que llegara la noche y con ella la muerte. No obstante reaccionó y escuchó nuevamente esa voz en su interior: *"No, Miguel Ángel. Dios sabe que eres un guerrero. Vienes de una familia de guerreros, y un guerrero no muere sentado. No espera la muerte, camina hacia ella, la mira de frente y muere caminando"*. Se comprometió entonces consigo mismo y con Dios a no dejar de caminar hasta morir. Deseaba que cuando encontrasen su cadáver pudieran darse cuenta de que había muerto caminando y aceptó su muerte aunque diciéndole a Dios: *"No entiendo por qué tengo que morir hoy, así, aquí. Pero tú sabrás el por qué. Si es tu decisión, la acepto, pero voy a morir caminando"*. Continuó caminando hacia aquel hilo de humo que seguía en el lejano horizonte y volvió a hacer una nueva petición: *"Dios mío, si definitivamente has decidido que muera, ya no tengo nada más que decirte ni que hablar contigo. Pero, si por alguna razón o de alguna forma que desconozco has decidido salvarme la vida, si crees que ya he aprendido lo que tenía que aprender, evítame más sufrimiento y envíame a alguien".* Era una petición absurda. Le estaba pidiendo a Dios que le enviase alguien en un lugar en el que no hay vida, y siguió caminando con la mente en blanco.

Al cabo de mucho rato, algo le sacó de su letargo. Le pareció ver un punto negro en la ladera de una de las montañas próximas que parecía deslizarse. Lo observó con atención durante largo rato y comprobó que era algo que se aproximaba. Se dirigió hacia donde pensaba que podría pasar y pronto encontró un desdibujado camino por el que apareció un hombre llevado en una destartalada moto. Nada más verle Miguel Ángel le dijo con gran alegría: *"¡Acaba usted de salvarme la vida!".* Le contó su peripecia y éste le llevó hasta un lugar, también alejado pero donde pudo tomar un autobús que de allí salía. Y de este modo, verdaderamente sorprendente, esa noche pudo llegar a su hotel en Arequipa. El reencuentro posterior con sus compañeros y con el guía fue otro tema que merece comentarios.

Días después Miguel Ángel era consciente de haber vivido un milagro del que no cabía ninguna otra explicación. Y Miguel Ángel Tobías continuó después desarrollando una grandísima actividad, ahora como guionista, productor, director de cine y de documentales sociales, y presentador de programas de televisión. Después creó el Formato "Españoles por el mundo", y no ha dejado de viajar por toda la tierra. Su compromiso con las personas más vulnerables y con la sostenibilidad del Planeta le han valido multitud de premios y reconocimientos y en sus numerosas conferencias no deja nunca de agradecer y manifestar ante el público que fue Dios quien le ayudó a salir de aquella terrible aventura que por multitud de razones tenía que haber acabado mal.

En la luna y en el espacio

En 1969, tras una década de vertiginosos avances, el programa espacial de los Estados Unidos culminó con el lanzamiento del Apolo II. El cohete –el Tagle– fue lanzado el 16 de julio y cuatro días después llegaba a la Luna. Mientras Michael Collins (1930) permanecía a bordo del vehículo espacial, Edwin Aldrin (1930) y Neil Armstrong (1930) dirigieron el módulo *Eagle* hasta posarse en la superficie lunar. Era el 20 de julio de 1969.

"Acabábamos de aterrizar en la Luna y todavía teníamos grandes cantidades de adrenalina recorriendo nuestros cuerpos", escribió Collins. Decirnos que intentáramos dormir era como decir a los niños el día de Navidad que deben quedarse en la cama hasta el mediodía. Entonces decidí iniciar una ceremonia que había planificado con Dean Woodruff, el pastor de la Iglesia Presbiteriana de Webster. Éste me había hecho un regalo de comunión integrado por un cáliz de plata y un frasquito de vino del tamaño de la yema de mi dedo meñique. *"Pedí a todas las personas que estaban escuchando, fueran quienes fueran y estuvieran donde estuvieran, que se detuvieran por un momento y contemplaran los acontecimientos de las últimas horas y que dieran gracias a su manera. El pupitre situado delante de nuestro DSKY se convirtió en altar. Leí en silencio el pasaje de 'Yo soy la vid y vosotros los sarmientos' al tiempo que vertía*

el vino en el cáliz. A causa de la reducida gravedad, el vino se adhirió
a la pared interior del cáliz de modo que parecía un jarabe, hasta que
se asentó en el fondo. El cuerpo metálico del Tagle crujió. Me tomé
la diminuta hostia y me bebí el vino. Di gracias por la inteligencia
y el espíritu que habían llevado a dos jóvenes pilotos al Mar de la
Tranquilidad".

Fotografía publicada en "El extraordinario encuentro con Dios en el espacio
que confidencia un Astronauta norteamericano", Portaluz (2022)

"La Tierra estaba suspendida en el cielo negro –escribió Aldrin–,
era un disco partido por la mitad por la línea día-noche. En su mayor
parte era azul, con nubes blancas arremolinadas, y pude distinguir
una masa terrestre de color marrón, el norte de África y Oriente Me-
dio. Al mirar mis botas, caí en la cuenta de que el suelo que pisábamos
Neil y yo llevaba allí mucho más tiempo que cualquiera de nuestros
continentes. La Tierra era un planeta dinámico, de placas tectónicas,
océanos agitados y atmósfera cambiante. La Luna estaba muerta, era

un vestigio del Sistema Solar primordial". Regresaron a la Tierra el día 24, después de completar uno de los viajes más cortos, más caros y más trascendentes de la historia de los hombres y de la exploración[16].

Años después de que Aldrin y Amstrong pisasen la luna las expediciones al espacio fueron cada vez más frecuentes. En la década de los noventa un grupo de astronautas que se encontraba en el espacio exterior en una misión sobre el entorno del planeta Tierra, tuvo también la oportunidad de recibir la comunión a bordo de la nave que los transportaba.

En abril de 1994, el astronauta Thomas D. Jones estaba a bordo de la nave Endeavour en una misión para estudiar los cambios en el torno de la Tierra. Con él viajaban otras cinco personas. Entre ellos el comandante Sidney "Sid" Gutiérrez y el piloto Kevin Chilton. Para ambos esta era su segundo viaje al espacio, mientras que para Jones era el primero. En su libro *Sky Walking: An Astronaut's Memoir (Caminando por el cielo: Memoria de un astronauta)*, Jones recuerda que *"era consciente de que cada día en el espacio era un regalo especial, sabía que se me había concedido un privilegio único. Cada noche antes de dormir agradecía a Dios por esas maravillosas vistas de la Tierra y por el éxito de nuestra misión. Continuamente pedía por la seguridad de nuestra tripulación y para que tuviésemos un feliz encuentro con nuestras familias"*. En el texto, Jones indica que Kevin Chilton era ministro extraordinario de la Eucaristía y que había llevado consigo al viaje unas hostias en un portaviático de oro.

El domingo que estaban en el espacio, dos semanas después de Pascua, los astronautas se reunieron en la cabina de vuelo para comulgar. En ese momento *"los tres* (Thomas D. Jones "Sid" Gutiérrez y el piloto Kevin Chilton) *agradecimos a Dios por las vistas de*

---

16. ALDRIN, E., y CONNEL, M. Mc. *Men From Earth*, 1989.

Su universo, por la buena compañía y por el éxito que habíamos tenido hasta entonces", recuerda Jones. *"Kevin compartió el Cuerpo de Cristo con Sid y conmigo, y flotamos en la cabina de vuelo reflexionando en silencio en ese momento de paz y de verdadera comunión con Cristo".* Y añadió: *"Mientras meditábamos tranquilamente en la oscura cabina, una deslumbrante luz blanca irrumpió por el espacio y entró en la cabina. La luz radiante del sol que se avistó a través de las ventanas delanteras del Endeavour y nos dio calor. ¿Qué otra señal podíamos pedir sino esa? Fue la afirmación gentil de Dios de nuestra unión con Él".* Conmovido hasta las lágrimas, Jones se alejó de sus compañeros. Vio el amanecer a través de las ventanas y debajo el Océano Pacífico, cuya superficie azul resplandecía con la luz del sol.

El astronauta narra que llamó a sus colegas para que apreciaran esa vista con él. *"Con el agua viva abajo, bebimos en tonalidades incomparables con la paleta de cualquier artista humano",* recordó. *"Tras ese momento, Kevin dijo: 'Es del mismo color azul que el velo de la Virgen, Tom'. Él tenía razón. Había encontrado la forma perfecta para expresar lo que estábamos viendo a través de la ventana"*[17].

Pasados 10 años de este viaje al espacio, Jones expresó: *"estamos designados a asombrarnos en el espacio. Si nuestra especie imperfecta ha encontrado tales destellos de deleite en nuestro primer encuentro tentativo con el cosmos, entonces verdaderamente hemos encontrado a un Dios muy cariñoso y generoso".*

Jones participo después en otras cuatro misiones espaciales, Chilton en tres y Gutiérrez en dos. Todos han recibido distintos premios de reconocimiento otorgados por la NASA.

Otros astronautas también han recibido al Señor en el espacio. Es el caso de Mike Hopkins que llevó la Eucaristía al espacio durante una misión en 2013. Hopinks pidió permiso a la diócesis de

17. JONES, Thomas D, *Sky Walking: An Astronaut's Memoir (Caminando por el cielo: Memoria de un astronauta).*

Galveston-Houston, en Texas, para poder llevar en la nave espacial formas consagradas para poder comulgar todos los domingos durante los seis meses que estuvo de misión en la estación espacial internacional.

El astronauta Thomas D. Jones, especialista de misión. Fotografía de Wikimedia Commons

Y también son muchos los que han rezado en el espacio como vemos en la videoconferencia que el papa Benedicto XVI mantuvo el 21 de mayo de 2011 con los astronautas de la Estación Internacional, que eran dos italianos, y varios americanos y rusos, en el marco de la llegada del transbordador espacial Endavour. Al lado del papa estaba el astronauta alemán Thomas Reiter y el presidente de la agencia espacial italiana Entrico Saggese. El papa preguntó a los astronautas si desde allí arriba, con su "intenso trabajo", reflexionaban sobre el Creador y si rezaban, o si era algo que preferían dejar para su vuelta a la Tierra. El astronauta Vittori le respondió que rezaba por él, sus familias, el futuro... El papa comentó al otro italiano, Nespoli, que rezaría por su madre fallecida recientemente. Nespoli respondió que sentiría su oración y todas las otras porque "*desde este punto tenemos una visión aventajada de la Tierra y de todo lo que sucede a nuestro alrededor*".

Dana, una terrible inundación

El 29 de octubre de 2024 es un día que ha pasado a la memoria colectiva de los valencianos en especial, y a la de todos los españoles en general. Fue la peor catástrofe natural que ha registrado la región de la Comunidad Valenciana en los últimos 100 años y que ha sido denominada por muchos como el peor momento de la historia reciente de la zona. Un terrible temporal de lluvia hizo que uno de los barrancos de la zona, habitualmente seco, aumentase su caudal de manera desproporcionada llevándose por delante personas, casas vehículos, carreteras y todo lo que se interpuso en su camino. Fueron 222 los fallecidos y dejó cerca de 1.000.000 damnificados, daños incuantificables en viviendas, vehículos y vías públicas, entre otros.

El testimonio de los que lo sufrieron y pudieron contarlo es sobrecogedor. Muchos se vieron próximos a la muerte y llegaron a ver cómo desaparecían y morían sus vecinos y compañeros. Recojo uno de esos testimonios. Es el de Encarna y Sergio, un matrimonio que pudo contar su aventura.

Sergio nos cuenta: *"Fui a recoger a mis dos hijos pequeños a la guardería a las cinco de la tarde en Paiporta. Tenemos cinco hijos en la tierra y uno en el Cielo. Recogí a Bosco, mi cuñado, en Alfafar y nos dirigimos a la escuela en mi furgoneta de nueve plazas. Llovía muchísimo. Cuando entramos en la autovía que une Torrente con Valencia, poco antes de la primera salida de Picanya, de repente, sin verlo venir nos cayó una ola por encima del coche. Nos vino de frente; nos quedamos parados. Íbamos despacio porque había bastante tráfico ya que la gente había acabado de trabajar. Eran las 7:30 y estaban regresando a Valencia. Cuando decimos una ola gigante es que es una ola gigante con cañas, con barro, con trozos de barandillas y de puentes que ya había derribado el agua, y con coches flotando en nuestra dirección"*, explica.

Fotografía publicada en "Valencia, último clasificado, ayuda a víctimas tras inundaciones en España", La Nación (2024)

"Ya había agua a la altura del asiento del coche. Yo intentaba arrancar el coche y salir porque pensaba que podríamos llegar a algún sitio un poco más seguro, pero el coche ya no funcionaba. Cuando Bosco bajó la ventanilla empezaron a escuchar gritos. Había una mamá

con dos niños que estaban atados con el cinturón y no podía sacarlos. Bosco salió con rapidez por la ventana de la furgoneta y sacó nadando a los niños. Se oían gritos alrededor sin cesar, coches que flotaban boca abajo y personas que intentaban romper ventanas para salir de ellos. Otros tocaban el claxon pidiendo ayuda para salir".

Sergio pudo telefonear a Encarna, su mujer, con un mensaje directo y terrible: *"El coche se lo está tragando el agua, estoy en el tejado del coche, no sé si voy a llegar a casa, te quiero muchísimo".* En dos minutos, la furgoneta estaba completamente bajo el agua. Y enseguida se fue la luz eléctrica. Nadando, saltando sobre coches y esquivando otros que traía el agua, Sergio cruzó intentando salir de la carretera con las gafas sucias de barro y agua en los ojos, y sin luz. Unos chicos en un puente con móviles le iluminaron algo cuando él se lo pidió. Con su iluminación pudo ayudar a salir a otras personas. Atando su chaqueta y su camiseta como una cuerda, pudo sacar a dos mujeres que gritaban y se agarraron a ella. También rescató así a un hombre que estaba agarrado al limpiaparabrisas trasero de un coche que estaba empotrado contra el puente y a él le daba la corriente.

Sergio seguía llamando a su cuñado Bosco, amigo al que conocía desde los 12 años, que no aparecía en la oscuridad. *"Yo ya llorando, pensando que se había ahogado, era una desesperación... y de repente oigo: 'Sergio'. Era un hilo de voz, ya sin fuerzas. Estaba agarrado a una rama de un árbol. Tenía a un señor muy mayor que no podía ya moverse; lo tenía agarrado de la muñeca".*

Consiguieron salir de allí, pero el agua seguía subiendo, ya se acercaba a los cinco metros. *"Empezamos a correr, venía agua por todos los sitios".* Subieron a un puente donde había luz donde cada vez se juntaba más gente. Todos estaban mojados y congelados. *"Abajo ya no había campos ni había nada, ya era todo agua".* Los teléfonos no funcionaban, empapados como estaban. Repasando esos momentos, se dieron cuenta de que podían haber muerto en cada una de esas fases, y se salvaron en cada una casi por casualidad: un milagro.

Pasadas las ocho de la tarde, ya de noche, Sergio y Bosco y muchos supervivientes más se apiñaron en un edificio de bomberos. Allí resonaban mensajes en la radio de los bomberos que se oía en cada sala: se necesitaba ayudar a unos ancianos en tal dirección, o acudir a otro lugar... pero la respuesta que se oía siempre era *"imposible, no podemos llegar"*. Los bomberos no podían llegar a casi ninguna petición terrible de ayuda.

Encarna cuenta también lo que ella vivió. Por la llamada de Sergio sabía que estaba encima de una furgoneta inundada y no sabía dónde estaba su hermano Bosco. *"Me puse a llorar, no sabía cómo reaccionar, no sabía dónde estaban para llamar a emergencias... en el fondo de mi corazón sentía que ellos iban a salir de ahí, que todo iba a ir bien, pero estaba muy preocupada; mis hijos me veían llorar"*. Los niños tienen entre 6 años y 11 meses. Marina, una amiga de la familia, me ayudaba con los niños y avisó de que llegaba agua. Pusieron mantas en las puertas, pensando que eso bastaría, pero el agua entraba y empujaba. Se pusieron de pie sobre unas sillas pero mirando por las ventanas veían un auténtico río marrón que podía destrozar las puertas. Subieron a los niños al piso de arriba y les dieron de cenar allí, en las escaleras. *"Claro, mis hijos estaban histéricos, ni cenaban ni nada"*.

Abrió un ventanal para que el agua no presionara tanto y en cinco minutos pasó de cinco centímetros a cubrir las rodillas. Con los bolsos y la documentación subieron al piso superior. En ese momento se fue la electricidad. Colocaron velas en un candelabro decorativo. En el piso de arriba entretuvieron a los niños contándoles cuentos. El bebé ni se había despertado, pero afuera había ya casi dos metros de agua con coches y campos desaparecidos bajo el agua marrón. *"Yo llamaba a Emergencias, pero comunicaba, o salía como que no existía el número, el 112 no respondía"*.

Desde una ventana elevada, gritando, pudo hablar con una vecina. En el primer piso se oían ruidos de cristales rompiéndose. Buscó ropa, zapatillas y chaquetas para los niños, mochila con pañales y toallitas, documentación, tarjetas y pasaron al piso de la vecina. Los niños obedecían y en parte veían aquella escapada por el tejado como una aventura. Antes de salir por el tejado, gastó la poca batería que le quedaba en llamar a un sacerdote amigo, don José Francisco, *"que sabía que iba a estar rezando muchísimo por nosotros, que mandara a todo el mundo a rezar y que por favor rezara por nosotros que iba a salir por el tejado con los niños. Se puso a rezar conmigo, rezamos una salve, nos dio la bendición a nosotros, a toda la familia, a los Ángeles de Valencia o sea nos todos los protectores que pudo. A partir de ese momento estábamos tranquilas"*. Justo en el tejado le telefoneó su hermano, Federico, que es sacerdote. *"Me dio la bendición, me dijo: no sufras, estate tranquila"*.

A la mañana siguiente, un gran camión de la UME (Unidad militar de emergencias) les sacó y les llevó a una gasolinera cercana, *"que era la única que por la noche veíamos que tenía luz. Allí había todo tipo de sirenas de ambulancias"*. Llevaba el bebé en brazos, no había carrito. Mientras tanto, Sergio y Bosco, al hacerse de día, fueron caminando por las vías del tren, atravesando Picanya y Paiporta. Recorrieron un kilómetro entero hasta la casa de Sergio y Encarna, viendo casas de amigos derrumbadas, en escombros. Allí la vecina les indicó que su familia estaba en la gasolinera. En el reencuentro, todos lloraron. *"Mi hijo Rodrigo me decía: menos mal, papá, pensábamos que te habías muerto"*. Poco después llegaron otros parientes. *"Salimos atravesando coches abandonados con los niños en brazos y nos grabó Televisión Española"*, dice, sobre unas imágenes que se difundieron mucho, recuerda Sergio.

"Somos unos privilegiados. Nos acogieron en la parroquia de San Pascual Bailón donde está de vicario mi cuñado, don Federico; enseguida nos instalaron en un piso y facilitaron ropa para mis hijos. No

nos ha quedado nada, pero tenemos lo básico y lo imprescindible y es más de lo que tiene mucha gente. Al principio había una sensación agridulce: estaban todos vivos y sanos, pero habían perdido la casa, la empresa, la furgoneta... Pero vieron por las calles de Paiporta a los voluntarios y los afectados abrazándose y acogiéndose a la fe, y lo consideran un milagro.

"Yo no tenía Rosario porque se había quedado abajo", recuerda Encarna. *"Pero no parábamos de rezar y los niños rezaban sin cesar, teníamos una imagen de la Virgen, estampas de santos...".* Sergio animaba a poner al Señor siempre en el medio, *"confianza plena, confiar en la Divina Providencia. Hay que aceptarlo y ahora hay que tirar hacia adelante".* Encarna cree que *"todo esto es para volver la vista a Dios, que no vale la pena lo material, hay que dar la vida para ir al Cielo".* Sergio volvió y pudo entrar en casa. Allí guardaban varias reliquias en un aparador sobre el que se habían acumulado muebles y trastos. Puso un empeño especial para quitar el barro para no dañar las reliquias. Y entonces vio asombrado sus reliquias y su imagen de San Miguel que estaban intactas. *"Con Dios todo es posible",* insiste. Encarna y Sergio, juntos de nuevo, animan ahora a pedir misas por todos los fallecidos, a la vez que agradecen a Dios la salvación de toda su familia y manifiestan el deseo de reconstrucción sea "motivo de muchas conversiones"[18].

La noticia de la catástrofe se comunicó enseguida por todas partes y enseguida comenzaron a aparecer voluntarios de todas las edades para socorrer y colaborar en las labores de ayuda y limpieza. Se unieron así a los grupos organizados del ejército, bomberos y otras unidades de socorro. Se manifestó así una extraordinaria ola de solidaridad que sorprendió a todo el país.

Paiporta fue el epicentro de la catástrofe. De los 227 muertos, más de cincuenta eran de este pueblo. El P. Gustavo Riveiro es

---

18. Religión en Libertad, 7 de noviembre de 2024.

párroco de la iglesia de San Jorge de Paiporta, localidad del área metropolitana de Valencia que esa tarde se vio azotada por la furia del agua. Lo recuerda del siguiente modo:

"Eran las seis y media de la tarde cuando empezó a llegar el agua. Nadie nos había avisado de nada. Yo estaba en la iglesia para la adoración eucarística. Una señora nos dio la alarma. En ese momento mandamos a todo el mundo a casa y cerramos la iglesia. Cuando salí, me encontré con el agua por encima de los tobillos y en menos de una hora estábamos sumergidos en hasta dos metros de agua y barro. Era como un río embravecido que se lo llevaba todo. Si no hubiera sido por esa señora, habría muerto aquí en la iglesia. Y conmigo toda la gente que estaba para el culto. Habríamos quedado atrapados en el agua".

Tuvimos que trabajar fuertemente para vaciar y limpiar la iglesia. Me impresionó mucho ver a unos sesenta jóvenes que vinieron muy pronto a vaciar la iglesia con cubos a falta de una bomba. Varios de ellos eran estudiantes universitarios. Fue un trabajo de limpieza verdaderamente heroico. Cuando vimos el suelo de la Iglesia emerger del barro, casi lloramos todos de emoción.

El domingo siguiente se pudo celebrar la Misa en esa iglesia. Asistieron una buena cantidad de vecinos del pueblo que la ofrecieron por los difuntos de su familia o vecinos, y también asistieron un buen número de voluntarios que seguían trabajando en la limpieza y ayudando a los afectados. Fue verdaderamente emocionante. *"A veces pasan estas desgracias, pero el Señor no deja de enviar sus regalos y hemos tenido mucha ayuda por parte de mucha gente. No nos desampara y nos deja solos, sino que está a nuestro lado"*, reflexionaba el sacerdote[19].

19. Religión digital, 5 noviembre 2024.

A modo de síntesis

Cuando había finalizado la preparación de este trabajo sobre referencias religiosas en situaciones de peligro, me acordé de mi amigo Juan Manuel Maestre. Es un magnífico montañero y persona muy activa que, después de haber trabajado durante años en la banca, al retirarse ha continuado con numerosas actividades, sobre todo relacionadas con la montaña, entre ellas, la publicación de libros sobre este tema. Es una persona muy afable, buen conversador y siempre dispuesto a resolver problemas. Hablando con él en una ocasión me manifestó su pensamiento religioso y después me habló de una experiencia vivida en una de sus expediciones al monte Kenya, el más elevado de África. Dejo que sea él quien nos lo cuente:

"Mi situación es que yo no creo en un Dios concreto y convencional al dictado de las religiones que he leído y estudiado lo cual, en modo alguno, tampoco puede ser argumento válido para tacharme de ateo". Y a continuación me cuenta su experiencia.

"Ocurrió durante una expedición alpina al Monte Kenya, en África central. El Monte Kenya es un volcán inactivo que no forma parte de ninguna cadena o sistema montañoso, elevándose solitario al Sur del lago Turkana, aunque comprende un total de siete picos y una docena de glaciares. El primer europeo que la vio fue el misionero Johann Ludwig Krapf en 1849, pero tendrían que transcurrir 50 años hasta que en 1899 Halford Jhon Machinder's junto a C. Ollivier y J.Brocherel lograran coronar el pico Batian, su máxima altura, y otros 30 más, antes de que en 1929 Eric Shipton y Bill Tilman pudieran enlazar en una misma ascensión las dos cumbres de la montaña (...).

Nuestra ascensión se llevó a cabo en días distintos formando varias cordadas con un total de diez escaladores, siguiendo la ruta Mackinder's, un trazado evidente que supera en el primer tramo de pared la chimenea del mismo nombre y transcurre entre placas hasta culminar en la cresta, al pie del Espolón Mackinder's, uno de los pasos claves característicos de la ruta. La grandiosidad del territorio otorga un atractivo que añadir a la excelente calidad de la roca, y los pasos atléticos se sucedieron entre bellos diedros de extraordinaria fractura y aéreas aristas de agarre franco en sólidas fisuras, que me recordaban el granito del Circo de Gredos, dándonos confianza y seguridad. Superado el tramo vertical del gran espolón, un flanqueo a la derecha nos permitió alcanzar el anfiteatro y llegar sin dificultad hasta la cumbre del Nelión, envueltos entre nubes, dando a la cima un especial encanto, con el astro rey tornasolando el lugar. Momento indescriptible que, pase el tiempo que pase, siempre conservaré fresco en mi memoria.

Aquella noche la pasamos en la cumbre cobijados en el Vivac Lobornat, una pequeña caja de madera, donde a duras penas podíamos caber sentados, para esperar el amanecer y cruzar el aéreo pasaje de La Puerta de las Nieblas que separa los dos picos alcanzando así la cima del Batían, la máxima altura del Monte Kenya. Fue precisamente esperando la noche cuando, diseminados fuera de aquel vivac y a 5188 metros de altitud, el grupo de seis personas nos cobijamos cada uno por nuestro lado buscando las oquedades que nos ofrecía la amplia cima, aquí y allá. Desde mi rincón, podía ver a todos mis compañeros que estaban, al igual que yo, ensimismados por el grandioso espectáculo de nubes en continua evolución, que se ofreció ante nuestros ojos.

El silencio no encuentra su sentido por lo celestial del momento, tanto, que aquellos instantes serían luego acompañados, en la proyección oficial del viaje, por la música del genial compositor "Vangelis", sincronizada magistralmente por mi compañero Paco Civera, especialmente recordado hoy por la fotografía que yo mismo le hice aquella tarde, junto a la característica cruz de la cumbre, como un presagio futuro.

Civera murió diez años después en 1990, en la vertiente Norte del Mulhacen y nunca pude desasociar su muerte de la imagen que quedó grabada en mi cámara y en la retina de mis ojos, en aquellos fantásticos momentos de gloría. Instantes plenos y efervescentes ¿fue una revelación? Sé que acabábamos de lograr nuestro sueño, durante tantos meses concebido al calor del deseo personal y colectivo; la pared, el esfuerzo y también el ambiente de alta montaña, nos habían desgastado tanto como nos había enaltecido el alma viendo la cima a nuestro alcance. Puede decirse que sufrimos la catarsis necesaria para llegar a ser nosotros mismos, desnudándonos de los convencionalismos con los que la sociedad nos arropa para no sufrir.

Aquella tarde Civera estaba frente a mí y por ello fue el modelo del objetivo de mi cámara. Andaba envuelto por las nubes tornasoladas y perceptibles que cruzaban por la cima en oleadas, llenando el ambiente de un color dorado, puro y limpio. *Era como si estuviésemos dentro de una bola de cristal y "Alguien", un Ser superior, la hubiera agitado para que millones de doradas partículas en suspensión nos envolvieran, enmudeciéndonos y haciéndonos sentir extrañamente bien. Todavía hoy podría jurar que escuché una música celestial que nadie más oyó y que me sentí especialmente pequeño y grande a la vez, algo que racionalmente es imposible y que nunca sabré explicar satisfactoriamente... pero lo sentí y eso no lo puedo cambiar por mucho que la razón me dicte lo contrario. Antes había subido otras cimas, incluso más difíciles, pero aquella tarde fue especial, más por lo que sentí que por lo que todos vimos: un milagro Natural que se repite cada día, pero que somos incapaces de ver, absorbidos por la vorágine de una sociedad apresurada.*

Desde entonces, cada vez que alguien plantea la existencia de un ser superior, yo callo. Ni otorgo ni desmiento pues aquella tarde algo quedó en mí, tan adentro como inexplicable. ¿Dios? Tal vez. Seguramente no. Sólo una alucinación; posiblemente un descenso de adrenalina tan grande como el subidón al llegar a la cumbre; ¿sentimientos bobalicones y sensibleros? No lo sé.

Pero doy gracias por haber experimentado un momento tan especial en mi vida que me hizo detenerme a meditar sobre todo ello. Han pasado treinta y cinco años y sigo buscando a *"mi Dios"* sólo que, desde hace todo ese mismo tiempo, sé bien que sea lo que sea, o quien sea, existe y estará en mí o en alguna parte esperando reencontrarse conmigo. Yo así lo deseo"[20].

Ciertamente su testimonio me conmovió y le animé a que continuase buscando a ese Dios que había querido ponerse en contacto con él dándose a conocer en el punto más elevado de aquella montaña africana.

Me alegró que tiempo después Juan Manuel me pidió que participase en sus Bodas de Oro con Maruja. Lo hice con mucho gusto en mayo de 2024. Además de ellos, sus hijos y nietos participaron muchos amigos en Petrer (Alicante), el lugar en el que han vivido desde hace años. En la celebración junto con otros amigos, recordamos diferentes aventuras que habíamos vivido y me regalaron una magnífica acuarela que Félix Ayuso, otro conocido montañero y mejor pintor, me representó como lo que soy, sacerdote y montañero. Para conmemorarlo, al día siguiente, hicimos una

---

20. Testimonio de Juan Manuel Maestre, 1-II-2020.

vía ferrata, una de tantas de las que Juan Manuel ha instalado en diferentes lugares de España.

Con Maruja y Juan Manuel en sus Bodas de Oro. Fotografía tomada por el autor

Epílogo

Los relatos expuestos en este libro son una muestra del modo en el que se han dirigido a lo Alto aquellos que se han encontrado en situaciones de peligro. Cuando surge una dificultad, lo primero que hace quien la encuentra es intentar resolverla. Es el instinto de supervivencia que todos tenemos. En un principio lo hace con los medios que están a su alcance, medios humanos, pero muchas veces comprueba que éstos no son suficientes. Se trata no pocas veces de situaciones complicadas en los que la persona sola no puede hacer gran cosa. Son casos difíciles que claramente superan nuestras posibilidades. Es normal que entonces se recurra a otro tipo de ayuda: la ayuda de lo Alto. En semejantes ocasiones no es infrecuente que lo hagan aquellos que viven como si Dios no existiera.

Uno de estos ejemplos lo encontramos en una carta recogida por una expedición navarra en 1979 en el monte Dhaulahiri en Nepal, la séptima montaña más alta del mundo con sus 8.167 metros. Al llegar a la cumbre encontraron, convenientemente envuelto en la nieve, un pequeño paquete con la fotografía de dos montañeros japoneses que habían fallecido en ese monte un tiempo antes. Incluía una carta en la que se contaba cómo se había producido el accidente. Estaba escrita en japonés y los navarros se encargaron de llevarla donde la pudiesen traducir. En ella contaban los compañeros que estuvieron en el momento del accidente que habían subido ese recuerdo a la cumbre con el deseo de que las almas de los difuntos Tanaka y Nakata reposaran allí en paz. En su relato cuentan que, aunque nunca habían sido personas religiosas, en el momento del accidente pidieron ayuda a la "divinidad". No especifican a cuál y quizá no llegarían a pensar en ninguna concreta, pero sí manifiestan que en esos momentos difíciles elevaron sus plegarias a lo alto y lo cuentan con una sencilla naturalidad. Los católicos sí que sabemos bien a quién podemos dirigirnos. Somos conscientes de que es Dios quien nos ha creado y dirige todos nuestros actos. Es, además, un Padre bueno que quiere lo mejor para cada uno de nosotros y podemos tener esperanza de que siempre puede ayudarnos. Por eso acudimos a su intercesión. En esos momentos, puede parecernos que nos ha abandonado y olvidado, pero nunca es así. A veces, las cosas no se resuelven como quisiéramos, y aceptar esto puede ser difícil. Sin embargo, debemos confiar en que lo que Dios quiere siempre es lo mejor, incluso cuando no llegamos a entenderlo. Pese a ello, no debemos dejar de solicitar su ayuda.

Con frecuencia encontramos referencias a ello en las Sagradas Escrituras, especialmente en los salmos de la Biblia. Puede servirnos como ejemplo uno de ellos, el salmo 46, 1-9, en el que leemos: *"Dios es nuestro refugio y fortaleza; siempre está dispuesto a ayudarnos en los momentos difíciles. Por eso no tendremos miedo, aunque la tierra sufra cambios y las montañas se precipiten al fondo del mar, aunque rujan los mares y se agiten sus olas, y las montañas tiemblen a causa de su furor"*.

A lo largo de la historia, innumerables personas han buscado a Dios en momentos de dificultad y los relatos anteriores son *sólo* un reflejo de esa realidad. Esta búsqueda no es casual, sino una consecuencia profunda de la naturaleza humana. El hombre no ha sido definido *únicamente* como un ser racional, sino también, en muchas ocasiones, como un ser intrínsecamente religioso.